鎌倉殿と執権北条氏

義時はいかに朝廷を乗り越えたか

坂井孝一 Sakai Koichi

NHK出版新書
661

はじめに

まず著者の考える本書の位置づけについて述べておこう。本書が扱う時代は、近年、上《じょう》梓《し》した『承久《じょうきゅう》の乱』（「旧著」と記す）、『源氏将軍断絶』（「前著」と記す）と重なる部分が多い。旧著は、十一世末の院政開始から、十二世末の源《みなもとの》頼朝《よりとも》による鎌倉幕府の樹立、十三世紀初頭の朝廷における後鳥羽《ごとば》院政と幕府における三代将軍実朝《さねとも》の治世、そしてそれに続く承久の乱と乱後の世界を、朝廷の視点、とくに後鳥羽の視点から論じた。対象とした時代は約百五十年に及ぶ。

続く前著は、奥州合戦《おうしゅうかっせん》から書き始め、頼朝が「唯一の武家の棟梁《とうりょう》」「唯一の官軍」となり、右近衛大将《うこんえのたいしょう》、次いで征夷大将軍《せいいたいしょうぐん》として軍事権門《けんもん》の頂点に立ったことをまず示した。次いで、頼朝晩年の政治と朝幕《ちょうばく》関係について論じた後、二代頼家《よりいえ》、三代実朝の治世について源氏将軍の視点から論じた。そして最後に、実朝の暗殺事件と源氏将軍断絶の歴史的な意味について考察した。対象とした時代は頼朝が奥州に進発した十二世紀末の文治《ぶんじ》五年（一一八九）から、実朝暗殺の建保《けんぽう》七年（一二一九、四月に承久と改元）までの約三十年に絞られる。

本書は、頼朝の流人《るにん》時代から説き起こす。配流地《はいるち》となった伊豆の武士団、伊東《いとう》氏・北《ほう》条《じょう》氏の動きに着目し、頼朝流人時代の歴史像に新たな光をあてる試みをする。次いで、治承《じしょう》四年（一一八〇）の挙兵から内乱期前半の頼朝の戦いと、北条氏の動向について検討する。その後の頼朝・頼家・実朝、三代の源氏将軍の治世については前著で詳述したため、繰り返しを避けつつ北条氏の視点から再検討する。旧著で詳述した承久の乱についても同様である。旧著、前著は朝廷、源氏の視点から論じたが、本書はほぼ同じ時代の歴史を北条氏、とくに時政《ときまさ》・政子《まさこ》・義時《よしとき》の視点から考察し、三著あわせて立体的な歴史像を構築できるように心がけた。本書の位置づけは三部作の三作目ということになる。

それとともに、本書では歴史上の人物のキャラクターに注目する。ただ、史料に基づきつつも、ある程度は推測・推論を加えなくてはならない場合も少なくない。また、八百年以上も前の平安末期・鎌倉初期のことであるから、残存史料はかなり限定的である。確かな証拠となる史料がない場合もある。しかし、関連史料による「状況証拠」の積み重ねによって、また人間性への洞察によって、その人物のキャラクターを浮かび上がらせることは可能であろう。本書では、推測・推論であることをことわりつつ、ご批判をこうむることを覚悟の上で大胆に考察を加え、人物のキャラクターをできる限り平易に描出したい。

　残存史料の乏《とぼ》しさ・頼りなさという点でいえば、頼朝の流人時代がその最たるものである。いわゆる公的な史料がほとんど残っていないのである。それも当然である。配流地に送られれば、中央の朝廷が公式文書を発給することはない。地方長官たる国司《こくし》がいちいち流人に命令を下すこともない。さらに、現地の監視者たちが、たとえ平治《へいじ》の乱を戦った源義朝《よしとも》の嫡子《ちゃくし》とはいえ、敗残の流人となった頼朝の生活を記録に残すことなどはなかった。

　ところが、約二十年に及ぶ流人生活の果てに頼朝は挙兵に踏み切り、平家を倒して鎌倉幕府を樹立した。その結果、人々の曖昧《あいまい》な記憶が呼び起こされ、それほどの大事業を成し遂げた人物には、流人時代にも相応のドラマティックな出来事があったに違いない、という推測・願望が加わって説話・伝承が形作られたと考えられる。研究上「頼朝伊豆流離《りゅうり》説話」と呼ばれるものである。本書は、より簡潔に「頼朝説話」と呼ぶことにしたい。それは、流離の貴種《きしゅ》が苦難・試練を乗り越えて勝利を手にする、いわゆる「貴種流離譚《きしゅりゅうりたん》」

の構造をとる。たとえば、頼朝は監視役の平家の家人《けにん》伊東祐親《すけちか》に、祐親の娘との間にもうけた息子千鶴《せんつる》を殺され、夫婦の仲を裂かれたとされる。まさに流離の貴種にふりかかった苦難である。「頼朝説話」によれば、こうした苦難・試練を克服して頼朝は挙兵を成功させたということになる。

　この「頼朝説話」を原拠として流人時代を描いたものに『曾我《そが》物語』『平家物語』などの文学作品があり、『吾妻鏡《あづまかがみ》』にも断片的な記事がみえる。『平家物語』には語り本系のテキストと読み本系のテキストがある。一般に流布しているのは語り本系の「覚一本《かくいちぼん》」と呼ばれるテキストであるが、まさに平家中心の物語であり「頼朝説話」を含んでいない。これに対し、源氏や東国の動きも叙述する読み本系は「頼朝説話」を含んでいる。「延慶《えんぎょう》本《ぼん》」と呼ばれる作品、異本である『源平闘諍録《げんぺいとうじょうろく》』（以下、「闘諍録」と略記）と『源平盛衰《げんぺいじょうすい》記《き》』（以下、「盛衰記」と略記）である。この読み本系『平家物語』諸本と並び、典型的な「貴種流離譚」の構造を持ち、詳細な叙述によって注目されるのが『曾我物語』である。

　『曾我物語』とは、建久《けんきゅう》四年（一一九三）五月二十八日、前年に征夷大将軍に任官した頼朝が主催する富士の裾野《すその》における巻狩《まきがり》で、曾我十郎祐成《そがのじゅうろうすけなり》・五郎時致《ごろうときむね》という二十二歳・二十歳（数え年、年齢はすべて数え年で表記）の若い兄弟が、有力御家人の工藤祐経《くどうすけつね》を殺害して実父河津三郎祐通《かわづのさぶろうすけみち》（『吾妻鏡』は祐泰《すけやす》。以下、引用史料以外の本文では「祐泰」と表記）の敵討《かたきう》ちを果たした事件をもとに、兄弟の生涯を浪漫的に描いた文学作品である。

事件の直後から女性の語《かた》り部《べ》による「曾我語《そがかた》り」と呼ばれる語《かた》り物《もの》芸能が発生し、次いで東国の衆庶《しゅうしょ》の崇敬を集める箱根権現《はこねごんげん》・伊豆権現《いずごんげん》の僧侶たちが、親しみやすい題材を通じて仏教の教義を広める唱導《しょうどう》の要素を加え、さらに様々な場で形成された説話が取り込まれ、増補・改変・削除を繰り返して鎌倉末期に書記化された。現存する写本（「妙本寺本《みょうほんじぼん》」）が「真名《まな》」すなわち漢字のみを用いた独特の文体で書かれていることから、研究上「真名《まな》本《ぼん》」『曾我物語』（以下、「真名本」と略記）と呼ばれる。

「真名本」は十巻から成る。頼朝の流人時代を描くのは巻二と巻三であるが、その後も幕府樹立後の頼朝を陰《かげ》の主役のように描く。それは一つには、敵討ちが頼朝主催の巻狩の場で起きたためであるが、より重要なのは作品を貫く構想である。詳細は第一章第一節で述べるが、「真名本」は〈三種の敵討ち〉を絡み合わせるという構想のもとに作られている。また、随所に北条氏を称揚《しょうよう》するという特徴もみられる。こうした問題を抱えているとはいえ、頼朝の流人時代について記した史料がほとんど現存しない中にあって、極めて詳細な叙述を持つ「真名本」が、史料として貴重な価値を有していることは否定できない。

なお、『曾我物語』には、南北朝・室町期に成立した「仮名本《かなぼん》」と総称されるテキストもある。ただ、「仮名本」は読み物としての趣向を重視したため、史実から乖離《かいり》した叙述が増えている。そこで、頼朝の流人時代に関しては「真名本」を主な史料として扱い、「延慶本」「闘諍録」「盛衰記」といった『平家物語』諸本を適宜参照しつつ考察を加えたい。

北条氏に関しては、十三世紀末、永仁《えいにん》年間（一二九三〜九九）頃の成立とされる幕府の公的な歴史書『吾妻鏡』に詳細な記事がみえる。ただし、前著で詳しく論じたが、永仁年間とは北条得宗家《とくそうけ》（北条氏の嫡流）が全盛を極めた時期であり、『吾妻鏡』は時の得宗貞時《さだとき》が、北条氏の支配の正当性を裏付けるために編纂《へんさん》させた可能性が極めて高い。そのため、編纂者が北条氏の指令を受け、あるいは自ら忖度《そんたく》し、史実の潤色《じゅんしょく》・曲筆《きょくひつ》・改竄《かいざん》を行ったと考えられる箇所が少なくない。その結果、北条氏に都合の悪い記事は珍しく、称揚・顕彰する記事が多い。無論、こうした編纂物としての限界を理解した上で活用すれば、編年体による記述方法や記事の豊富さから、根本史料として用いることができる。ただ、同時に、文書、日記、系図、著作物、軍記物語のような文学作品などを合わせて活用すべきことはいうまでもない。

『吾妻鏡』以下の諸史料によって、頼朝挙兵後の北条氏の人々をみていくと一つの特徴に気づく。それは、軍事的な面で名を挙げるような武勇の士としての側面が希薄だということである。たとえば、合戦の現場で先駆けの功名や敵将の首を取るといった武勲を、時政や義時が挙げた例はみられない。北条氏を顕彰する『吾妻鏡』には出てきそうなものであるが、皆無に近い。大軍が京都に向けて進撃した承久の乱でも、義時は鎌倉に留まって指令を送り、前線の泰時《やすとき》や時房《ときふさ》も軍事指揮官として鎌倉方の武士たちに指示を出すことが主な任務だった。武勇の士というよりは指揮官、軍事より文事に優れた政治家・官僚であり、それが時政や義時を執権《しっけん》という、将軍を支える御家人《ごけにん》筆頭の地位、幕府首脳部の中心に押し上げた要因の一つであると考える。

しかし、最初から北条氏がそうした地位と権力を保証されていたわけではない。歴史の不思議な巡り合わせ、本人たちの意思と能力、そうした様々な偶然と必然が複雑に絡み合いながら、そこに到達したのである。まず、平安末期の十二世紀、都《みやこ》から遠く離れた伊豆《いずの》国《くに》で北条氏はどのような存在だったのか、その点からみていくことにしよう。

鎌倉殿と執権北条氏——義時はいかに朝廷を乗り越えたか　目次

校閲　北崎隆雄
図版作成　手塚貴子
DTP　佐藤裕久

第一章　伊豆国における北条氏

第一節　平安末期の伊豆国

伊豆国の地理的条件

本章では北条氏の出身地である伊豆国についてみていきたい。まず、その地理的条件である。伊豆国は五畿七道《ごきしちどう》のうちの東海道《とうかいどう》に含まれる国であった。五畿七道とは古代・中世の行政区分であり、東海道はおおよそ東海地方に関東地方の南半分を加えた地域を指す。行政区域としての東海道とは別に、現在の東海道本線・東海道新幹線などとほぼ重なる、交通路としての東海道があった。都と坂東《ばんどう》をつなぐ大動脈である。伊豆最北部は東海道が通る地域で、国司の役所である国衙《こくが》と一宮《いちのみや》の三島《みしま》社がある国府《こくふ》三島もその沿道にあった。

一方、伊豆国は太平洋に向って張り出す半島であり、大半の地域は交通の大動脈である東海道からはずれていた。しかも、沿岸部には山が迫り、中央部には天城山《あまぎさん》系の山々、その西側には南から北に流れる狩野川《かのがわ》流域に平地や盆地が広がっていた。こうした地理的な条件により、古来、伊豆国は中央政治から隔絶しやすく、都から政治犯が流される流罪《るざい》の地として利用されてきた。

ただ、海に張り出した山の多い半島という地理的条件は、海上交通や河川を使った水上交通を活用しやすいという利点をもたらすことにもなった。田地が少なく農業生産量は多くはないが、海産物が豊かで、海上・水上交通を用いた交易品も流入しやすかったのである。現在、温泉地・観光地として栄えている伊豆東海岸の伊東市をみれば、それは容易に理解できる。市内を流れて海に注ぐ伊東大川《おおかわ》、かつての松川《まつかわ》（松河）を遡《さかのぼ》るとすぐに山が迫り、平地は極めて少ない。しかし、伊東駅前や商店街はもちろん、海岸沿いの国道にも新鮮な海産物を販売する店舗がいくつも立ち並ぶ。

また、伊東は多数の漁船やフェリーが発着する港である。現在のフェリーは伊豆七島や半島の南に位置する稲取港《いなとりこう》を結んでいるが、平安末期には相模湾《さがみわん》を横断して三浦《みうら》半島や房《ぼう》総《そう》半島との間を船で往還することができた。伊東が伊豆東海岸を代表する場所として栄えてきたのは、海を有効利用してきたからにほかならない。

さらに、半島の中央部を流れ、駿河《するが》湾に注ぐ狩野川を下れば、国府三島の近くまで出ることができる。現在の伊豆の国市韮山《にらやま》、かつての北条氏の本拠北条も狩野川沿いに位置していた。今の三島と韮山は国道・鉄道で結ばれ、韮山駅から電車に乗れば二十分ほどで三島駅に着く。平安末期の北条氏の人々は馬に乗って三島に行くことが多かったであろうが、船を用いれば重い荷物も大量に運搬できた。伊豆国内の政治・経済の中心地である国府三島との往還は、伊東よりもはるかに便利であった。

伊豆国の武士団

次に、平安末期の伊豆国にどのような武士がいたのかみてみよう。半島の北半分を占める田方郡《たがたぐん》のうち、天城山系西側の狩野川流域には、北条氏のほかに狩野《かのう》氏、田代《たしろ》氏、天野《あまの》氏、仁田《にった》(新田)氏、南条《なんじょう》氏、江間《えま》(江馬)氏、近藤《こんどう》氏などがいた。このうち狩野氏は伊豆市の市内、旧修善寺《しゅぜんじ》町を中心とする、かつての狩野荘《かのうのしょう》を本拠としていた。駿河国や伊豆東岸に広がった藤原《ふじわら》氏南家《なんけ》武智麻呂《むちまろ》流《りゅう》の工藤《くどう》氏の一族で、茂光《もちみつ》とその子宗茂《むねもち》の二代にわたって「介《すけ》」、つまり国守《くにのかみ》・目代《もくだい》に次ぐ高い地位を世襲する有力な武士団であった。「狩野《かのうの》介《すけ》」または「工藤介《くどうのすけ》」と称した茂光・宗茂父子は、源頼朝の挙兵にも当初から参戦した。

田代氏は狩野荘内の田代郷を本拠とした武士で、出自は後三条源氏《ごさんじょうげんじ》ともされる。田代為綱《ためつな》は狩野茂光の娘を娶《めと》り、頼朝挙兵に加わった信綱《のぶつな》をもうけた。天野氏は、出自は明確ではないが、頼朝挙兵に参戦し、のちには鎮西奉行《ちんぜいぶぎょう》にも任じられた天野遠景《とおかげ》を出した。この天野氏の同族と思われるのが仁田氏と南条氏である。仁田は新田と記されることもある

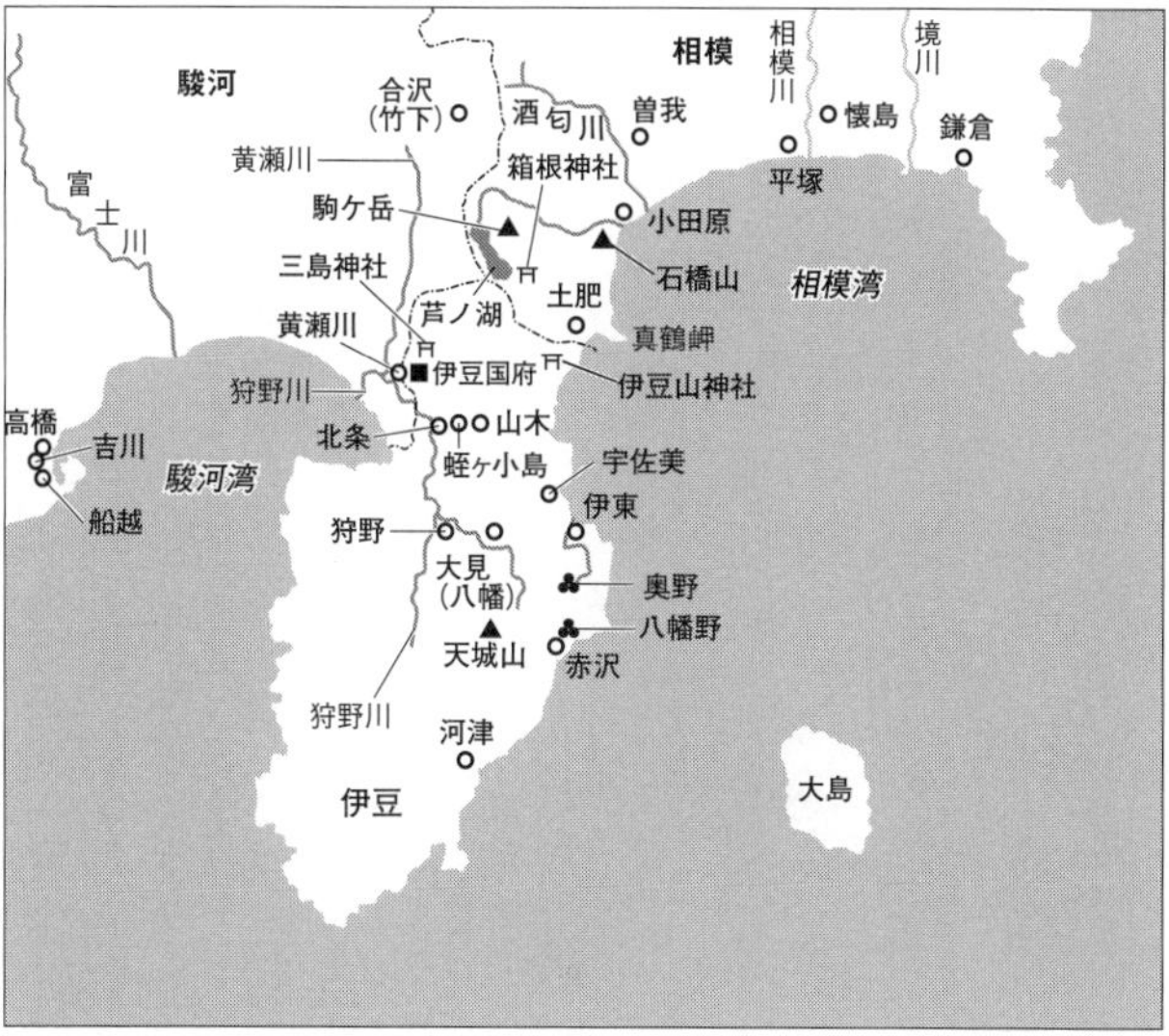

伊豆国と各武士団の所在地（伊東市史編集委員会、伊東市教育委員会編『伊東市史　通史編　伊東の歴史Ⅰ』をもとに作成）

が、上野国《こうずけのくに》の新田氏とは別流で、三島に程近い仁田郷、現在の静岡県函南町《かんなみちょう》仁田を本拠とした。仁田忠常《ただつね》も頼朝挙兵に参戦し、建久四年（一一九三）の富士野《ふじの》の巻狩では、猪《いのしし》にまたがって刺し殺したという逸話で知られる武勇の士であった。南条氏は北条の南方、南条の地を本拠とした小武士団で、鎌倉中期以降は北条氏の御内人《みうちびと》になる。

江間氏は、北条氏の居館があった韮山の守山《もりやま》の北西、狩野川の対岸に位置する江間荘《えまのしょう》に本拠を置く小武士団で、当主は江間次郎《えまのじろう》という武士であった。近藤氏は藤原秀郷《ひでさと》の後裔《こうえい》で、本拠の地は明確にし得ないが、頼朝挙兵に参戦した近藤国平《くにひら》が出た。国平はやがて中原久常《なかはらのひさつね》とともに頼朝代官として上洛し、鎮西《ちんぜい》に派遣されるなど、頼朝の命を受けて各地で任務を遂行した。

総じて天城山系西側に本拠を構えた武士団は頼朝の挙兵に協力し、鎌倉幕府の成立後は御家人となった。その中で江間氏だけは、北条に隣接する地の武士だったにもかかわらず、頼朝に敵対して滅ぼされた。江間の地は北条氏に与えられ、時政の子義時の本拠となる。義時はここを名字の地とし、江間小四郎《えまのこしろう》義時と名乗った。

一方、田方郡のうち、天城山系の東側や、南方の加茂郡《かもぐん》を本拠とする武士団には伊東氏、河津《かわづ》氏、宇佐美《うさみ》氏、大見《おおみ》氏などがいた。最も有力なのは、狩野氏と同じ工藤一族の伊東氏であった。とくに平安末期の平氏政権下、平重盛《たいらのしげもり》家の家人《けにん》であった伊東祐親は平家の威光を背景に勢力を伸ばし、嫡子の祐泰は伊東南方の加茂郡の新興開発地、河津荘《かわづのしょう》の領主となった。ただ、祐親は伊東荘《いとうのしょう》の領有をめぐって一族の工藤祐経と争い、祐泰が祐経の郎《ろう》従《じゅう》大見小藤太《おおみのことうだ》・八幡三郎《やわたのさぶろう》に殺されるという悲劇に見舞われた。祐泰の幼い遺児二人は、母とともに相模国《さがみのくに》曾我荘《そがのしょう》に移って曾我兄弟として成長し、やがて富士野の巻狩の場で祐経を斬殺して実父の敵討ちを果たした。

祐経の弟に、伊東荘の北に位置する宇佐美荘《うさみのしょう》（現在の伊東市大字《おおあざ》宇佐美）を本拠とする宇佐美祐茂《すけもち》がいた。祐茂も藤原氏南家の流れを汲むが、宇佐美には平姓の宇佐美氏もいた。宇《う》佐美平太政光《さみのへいたまさみつ》・平次実政《へいじさねまさ》兄弟である。ただ、祐茂と政光・実政兄弟との間に所領争いがあったという史料はない。両者の間で棲み分けができていたと考えられる。そして、伊東荘の西に位置する大見荘《おおみのしょう》（現在の伊豆市内、旧中伊豆町《なかいず》）を本拠としたのが大見氏である。ここには伊東祐親・祐泰父子の命を狙った藤原姓の大見小藤太がいた。ただ、宇佐美の場合同様、平姓の大見平次家秀《おおみのへいじいえひで》もいた。総じて天城山系東側の武士団も頼朝の挙兵に協力しており、敵対したのは平家の家人として勢威を振るった伊東氏ぐらいである。

伊豆国における工藤一族

伊東氏の当主祐親は、北条氏とも源頼朝とも極めて密接な関係にあった。それは因縁深い、むしろ運命を感じさせるものであった。その点について論じる前に、まず狩野氏・伊東氏・河津氏・宇佐美氏の母体である工藤一族の発展の様相についてみておこう。

「工藤」の名字は、『尊卑分脈《そんぴぶんみゃく》』『工藤二階堂系図』『伊東大系図』『伊東系図』などの系図の記載によれば、平安中期、桓武《かんむ》平氏の祖平高望《たいらのたかもち》の娘を母とする木工助《もくのすけ》・遠江権守《とおとうみのごんのかみ》藤原為憲《ためのり》が、「木工《もく》」の「工《く》」と「藤原」の「藤《とう》」を合せて「工藤大夫《くどうのたゆう》」と称したことに始まるという。為憲は権守として遠江国《とおとうみのくに》に関与したが、孫の時信《ときのぶ》も駿河守《するがのかみ》に任じられた。この頃から工藤一族の東海地方進出が本格化した。時信の弟（もしくは孫）の維重《これしげ》の子孫は駿河・遠江の各地に広がり、入江《いりえ》・船越《ふなこし》・岡部《おかべ》・興津《おきつ》・大田《おおた》・蒲原《かんばら》・池屋《いけや》・原《はら》の諸氏を興《おこ》した。一方、時信の孫の維職《これもと》は、伊豆国押領使《おうりょうし》に任じられて伊東荘に住み、伊東氏を興した。

『伊東大系図』『伊東系図』や、江戸時代に日向国《ひゅうがのくに》宮崎郡・那珂《なか》郡を治めた飫肥《おび》藩主の伊東家に伝わった家譜《かふ》『日向記《ひゅうがき》』によれば、維職の嫡子工藤家継《いえつぐ》（元の名は祐隆《すけたか》）は、宇佐美・伊東・河津を合わせた葛美荘《くすみのしょう》を支配したという。ただ、『尊卑分脈』の家継の傍注には「狩野四郎大夫」とある。ここから、家継が田方郡の狩野荘にも支配の手を伸ばしていたことがわかる。『日向記』は、家継の嫡子祐家《すけいえ》も「狩野四郎太夫《ママ》」と呼ばれたと記す。狩野荘は、先に述べたように、陸路でも狩野川という水路でも、伊豆の政治・経済の中心地、国府三島に出やすい地である。これに対し、伊豆東岸の伊東は三島に出るにははるかに不便な地であった。とすれば、家継は所領の中心、少なくとも政治的な位置づけを伊東から狩野に移し、嫡子の祐家に狩野荘を譲ったと考えられよう。

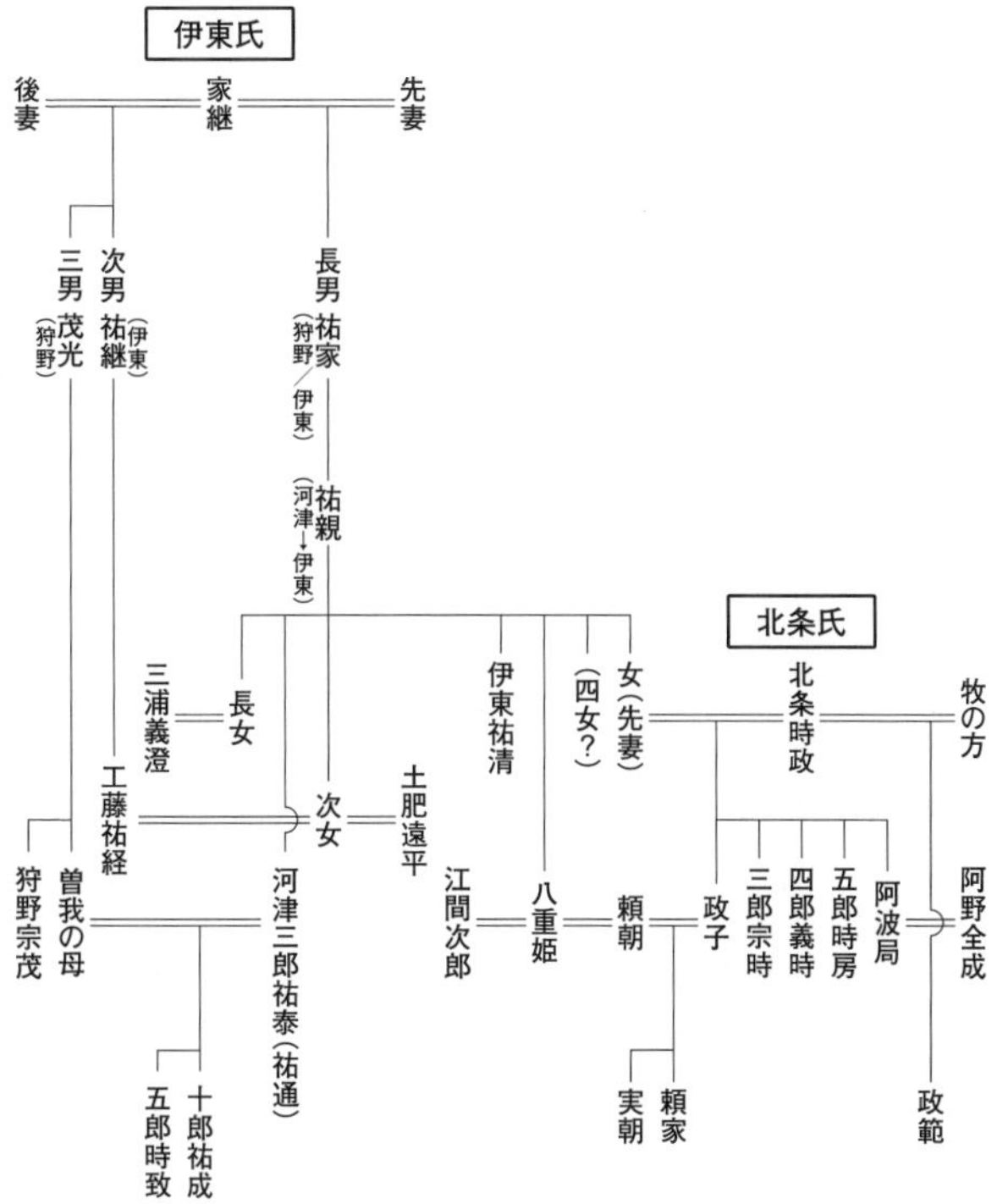
伊東氏
後妻
家継
先妻
三男 茂光（狩野）
次男 祐継（伊東）
長男 祐家（狩野／伊東）
祐親（河津→伊東）
北条氏
三浦義澄
長女
伊東祐清
（四女？）
女（先妻）
北条時政
牧の方
工藤祐経
次女
土肥遠平
狩野宗茂
曽我の母
河津三郎祐泰（祐通）
江間次郎
八重姫
頼朝
政子
三郎宗時
四郎義時
五郎時房
阿波局
阿野全成
十郎祐成
五郎時致
頼家
実朝
政範

伊東氏・北条氏関係系図

ところが、祐家が祐親を残して早逝《そうせい》してしまった。失意の家継は「寂蓮《じゃくれん》」という法名で出家するとともに、所領譲与のやり直しを行った。そして、次男の祐継《すけつぐ》を新たな嫡子に立てて元からの所領である伊東を譲り、三男の茂光に狩野を譲った。また、祐継を上洛させ、都の武者所《むしゃどころ》（上皇＝院を警固する武士の詰所）に祗候《しこう》させる手筈《てはず》も整えた。当時の武士団では、在地して所領の経営に力を尽くす者と、在京して貴族・寺社などの荘園領主と関係を築き、所領経営を有利に導くよう努める者という一族内での役割分担があった。家継は自分が在地して伊東荘の経営に携《たずさ》わり、新たな嫡子の祐継には都の名誉な役を用意して在京活動という役割を与えたのである。このため祐継が国衙と関係を築くことはなかった。

一方、狩野を相続した弟の茂光は、地の利を活かして国衙の在庁官人《ざいちょうかんじん》となり、「介」の地位を得た。その結果、伊豆国内での政治的な地位は、茂光が兄の祐継を凌駕《りょうが》するに至った。これは、伊豆における工藤一族の嫡流もしくは本流が、祐継の伊東氏から茂光の狩野氏に移ったことを意味する。家継による所領の再分配があったとはいえ、伊東氏の側からすれば不満があったであろう。ただ、表立って狩野氏に対抗することはなかった。伊東氏にはそれよりも深刻な問題、一族内での所領争いが起きていたのである。そのあたりの事情は、「はじめに」でも言及した軍記物語の「真名本」に詳しい。

「真名本」にみえる伊東氏の所領争い

「真名本」巻一によれば、所領争いの根源は葛美荘を支配する「宮藤大夫助隆（「真名本」は「工」に「宮」、「祐」に「助」の字をあてる）」、出家して「寂心《じゃくしん》」と名乗った人物の所領配分にあったという。先にみた江戸期成立の『日向記』は、葛美荘を宇佐美・伊東・河津から成る荘園とするが、「真名本」は大見・宇佐美・伊藤（「真名本」は「東」に「藤」の字をあてる）の三箇所を合わせた荘園と記している。鎌倉期成立の「真名本」の方が実態を伝えていると考えられる。また、祐隆は先述した家継の元の名、寂心は寂蓮のことを指す。

さて、跡継ぎの男子が早逝した寂心は、後妻の連れ子である「継娘《ままむすめ》」に秘かに思いを寄せて産ませた子、すなわち祐継を嫡子に取り立てて伊東荘を譲り、武者所に祗候させて「伊東《いとうの》武者《むしゃ》助継《すけつぐ》」と名乗らせた。一方、早逝した嫡子の子「嫡孫《ちゃくそん》」は次男として養育し、河津荘を譲って「河津《かわづの》次郎《じろう》助親《すけちか》」と名乗らせた。祐継の出生の秘密を知らない祐親は、嫡孫の自分こそが伊東を受け継ぐべきだと考え、祐継に対し不満を募らせた。祐継も祐親の複雑な思いには気づいていたが、二人とも表沙汰《おもてざた》にすることはなかったという。

後妻の連れ子に子を産ませるという叙述は何とも生々しい。さすがに当時も公《おおやけ》にできる話ではなかった。とすれば、何を根拠にこんな叙述が生まれたのか。真相は不明であるが、殺害事件にまで発展する所領争いにふさわしい刺激的な虚構を「真名本」が挿入した可能性もあろう。先にみた系図や『日向記』の記述を勘案すれば、祐継は寂心すなわち寂蓮の後妻が産んだ祐家の異母弟、祐親の単なる叔父だったというのが実態であると考える（話としては刺激も面白さもなくなるが）。それでも、嫡孫を自認する祐親からすれば不満だったに違いない。

その後、祐継は四十三歳で病《やまい》に倒れ危篤《きとく》に陥る。祐親は、祐継の九歳になる嫡子「金石《かないし》」、のちの工藤祐経の後見《こうけん》をすると約束し、祐継を安心させた。ところが、祐継が死去すると、祐親は河津から伊東に乗り込んで名を「伊藤次郎助親《いとうのじろうすけちか》」に改め、河津荘は嫡子に譲って「河津三郎助通」（『吾妻鏡』では祐泰）と名乗らせた。ただ、七日ごとの仏事や、四十九日・百箇日・一周忌・三回忌の法要は立派に営《いとな》み、祐継の追善供養も忘れなかった。また、約束通り金石を引き取って養育し、十三歳で元服させて「宇佐美の宮藤次助経《くどうじすけつね》」と名乗らせ、自分の娘と結婚させた。さらに、祐経を伴って上洛すると、伊東荘の領家である平重盛や本家の大宮に拝謁《はいえつ》させた上、祐継と同じく武者所に祗候させた。ただ、「真名本」は、祐親が伊東・河津を「押領《おうりょう》」つまり不当に独占して、祐経が帰郷してもすぐに都へ追い返し、屋敷の一所も与えなかったと叙述する。

一方、武者所で礼儀正しく職務に精励し、二十一歳で「一臈《いちろう》」すなわち筆頭の地位に昇った祐経は、その能力と在京の身という立場を活かして祐親の行為を本家や領家に訴えた。これに対し祐親は財力にものをいわせて諸方に賄賂《わいろ》を贈り、訴訟を有利に導いた。その結果、本家・領家の裁定は「半分ずつ知行《ちぎょう》せよ」という当たり障《さわ》りのないものとなった。

無論、祐経は不満である。裁定の文書を携えて伊豆に下向する途中、駿河国の工藤一族、船越氏・吉川《きっかわ》氏を味方に引き入れ、祐親・祐泰父子を殺害して伊東・河津を独占しようと計画した。しかし、情報を得た祐親が警戒を厳しくしたため、未遂に終わった。

これに怒った祐親は、本家・領家に対し、年貢《ねんぐ》は自分が責任をもって納入するので、祐経を迎え入れないよう申し入れるとともに、祐経の妻となっていた自分の娘を取り返し、相模西端の土肥《とひ(どい)》郷（現在の神奈川県湯河原《ゆがわら》市と真鶴《まなづる》町一帯）を本拠とする土肥実平《さねひら》の子遠平《とおひら》に再嫁《さいか》させた。万策尽きた祐経は伊豆に下って大見に潜伏し、昔からの郎従「大見小藤太」「八幡三郎」に祐親・祐泰父子の暗殺を命じた。かくして、安元《あんげん》二年（一一七六）十月、八幡三郎の放った矢によって祐泰が殺害されるという悲劇が起きたのであった。以上が「真名本」の叙述する伊東氏内部の所領争いのあらましである。

伊東祐親の人物像

争いの原因・経過・結果を総合すると、伊東祐親にも工藤祐経にも同情すべき点、納得できる主張があったことがわかる。ただ、祐経に対する批判は辛辣《しんらつ》である。とくに、祐親・祐泰父子を殺害してまで所領を手に入れようとする祐経には、「一方《ひとかた》ならぬ重恩を忘れて忽《たちまち》に悪行を工《たく》み」と厳しい表現を用いている。無論、祐経は曾我兄弟の実父祐泰の敵である。「真名本」が祐経に辛辣な批判を加えるのは当然といえよう。ただ、そうした「真名本」の意図を抜きにしても、祐経の行為は厳しく指弾されても仕方のないものであった。

一方、祐親についても「真名本」は、祐継に不満を募らせた、祐継が死ぬとすぐに河津から伊東に乗り込んだ、祐経を上洛させた後は帰郷してきても都に追い返し、屋敷の一所も与えなかった、諸方に賄賂を贈って訴訟を有利に導いたなど批判的な叙述をする。ただ、祐親は、父を亡くした幼い祐経を引き取って養育し、自分の娘と結婚させ、元服させた、養父、舅《しゅうと》、烏帽子親《えぼしおや》である。烏帽子親は元服した新成人、烏帽子子《えぼしご》の社会的後見人となり、烏帽子子は実の親のように烏帽子親を敬《うやま》わなくてはならない。祐親が祐経を都の武者所に祗候できるよう手配したのも烏帽子親の務めの一環といえよう。そこには、在京活動という役割を担った亡き父祐継と同じ道を歩ませてやろうという心遣いも認められる。客観的にみて、「真名本」が叙述するごとく、祐親は祐経に「重恩」を施したといえるのである。

そもそも、幼い祐経や弟（のちの祐茂）を残して死んだ祐継の所領を守るには、祐親が伊東に移り住むしかなかった。祐親の伊東入りは、一族の所領を他者から守り、維持するための必須の行動といえ、責任感と気概すら感じられる。また、祐経の元服時の名前が「宇佐美の宮藤次助経」であったこと、「大見」を名字とする「大見小藤太」を郎従にしていたことなどから、祐経が宇佐美や大見に一定の権益を保持していたこともわかる。つまり祐親は、大見・宇佐美・伊東から成る葛美荘を独占していたわけではないのである。

伝・伊東祐親の墓

　父の遺領伊東を受け継ぎたい、自分が受け継ぐべきだという祐経の思いも理解はできる。かつて祐親も祐継に対して同様の不満を抱いていた。しかし、祐親には状況を見極め、不満を胸に秘めて事を荒立てず、慎重に行動する賢さ、一族の所領を他者から守り抜く責任感や意志の力、訴訟を有利に導く交渉力があった。

ただ、さすがにその祐親でも、都から遠く離れた伊東に留まったまま、使者を派遣して指示を出すだけでは訴訟に対応できない。次章で詳述するが、祐経が訴訟を起こした時期、祐親は大番役《おおばんやく》で在京していたと考えられる。恐らく自ら領家と交渉をしたのであろう。その結果、手に入れた裁定は半分ずつの知行であった。しかし、祐親は異を唱えなかった。裁定に満足せず、貪欲にすべてを望んで武力行使に走った祐経とは明らかに違う。

確かに、祐経は優れた能力を持ち、都の教養を身につけていた。しかし、幕府の有力御家人になってからも、その能力や教養を鼻にかける傾向があったらしく、佐々木盛綱《ささきもりつな》・信《のぶ》実《ざね》父子など武断的な御家人の反感を買うことがあった。ましてや訴訟を起こした時にはまだ二十代前半の若者である。祐親は明らかに祐経より大人の対応ができる人物であった。

「真名本」の原拠と構想の問題

こうした伊東祐親の人物像は、平家の威勢を笠《かさ》に着て武力を行使する無慈悲な人物とい

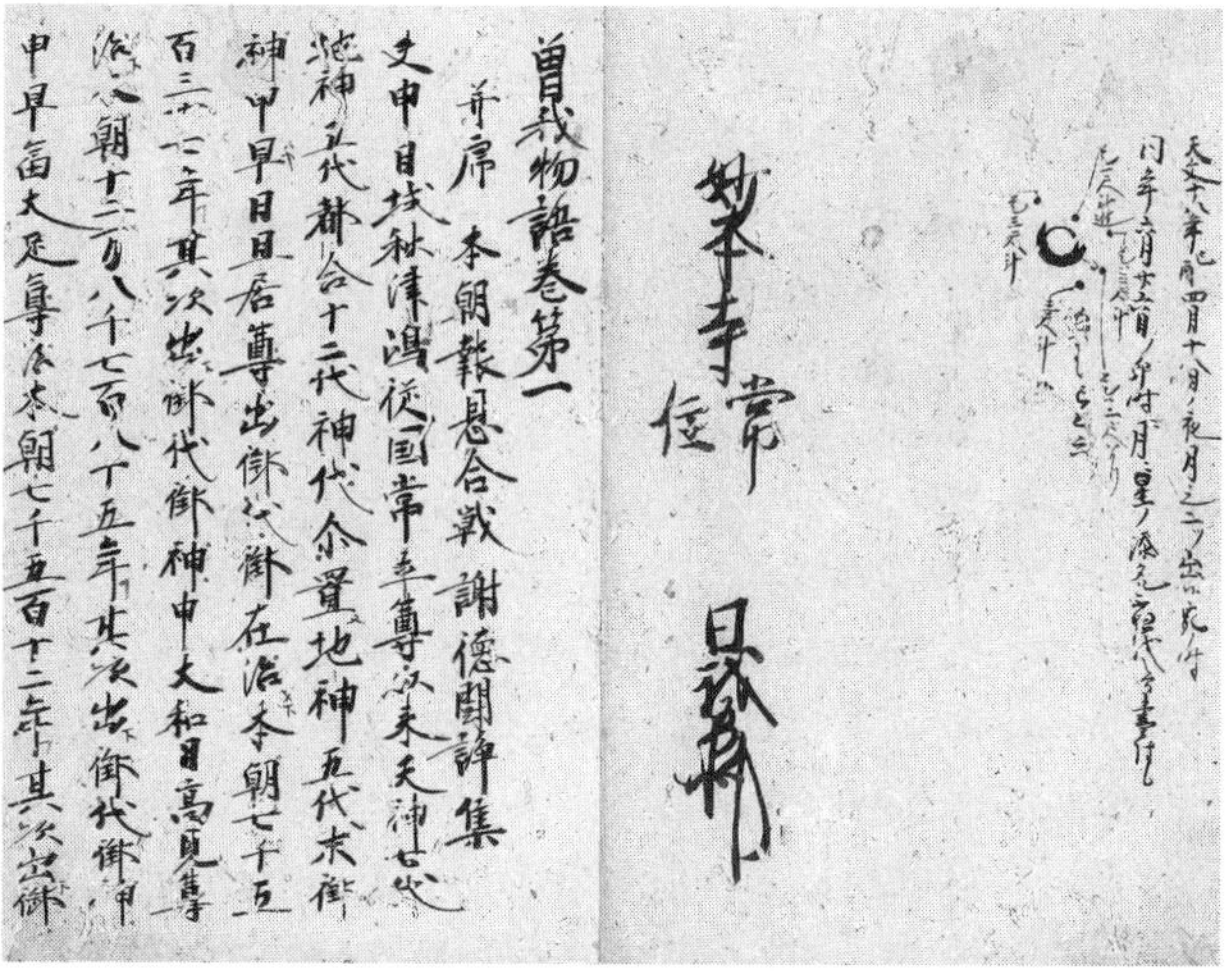

『曾我物語』巻一（真名本）（東京国立博物館蔵／ ColBase https://colbase.nich.go.jp/）

う一般的イメージとは大きく異なる。そこには「はじめに」で述べたように、「真名本」の原拠と構想の問題が関係している。「真名本」は女性の語り部による「曾我語り」に始まり、仏教の唱導の要素を取り込みつつ、増補・改変を繰り返して成立した作品である。頼朝の流人時代を描く巻二と巻三が、頼朝を主人公にした「貴種流離譚」の「頼朝説話」を原拠にしているのに対し、伊東氏内部の所領争いを描く巻一は、伊東を舞台に伊東の人々を主人公にした説話が原拠であったと考えられる。本書はこれを「伊東説話」と呼ぶことにしたい。

本来「伊東説話」と「頼朝説話」は、別々の時と場で形成されたものであった。ところが、頼朝・祐親・曾我兄弟の三者が、頼朝の監視役である祐親、祐親の孫である曾我兄弟、曾我兄弟が敵討ちを果たした巻狩の主催者頼朝、という関係にあることから、増補・改変が繰り返される過程で「伊東説話」と「頼朝説話」が結びつけられ、「真名本」という一つの作品の中に取り込まれるという現象が起きたのだと考える。

しかし、別々に形成されたことから、「伊東説話」と「頼朝説話」とでは祐親の描き方も異なってくる。無慈悲で暴力的な祐親という人物像は、「頼朝説話」を原拠にする「真名本」巻二から作られたイメージである。ただ、そこには流離の貴種が苦難を乗り越え、生還するという「貴種流離譚」の定型、常套的な枠組みが反映されている。とすれば、苦難を与える役回りの祐親の言動にも、流離譚特有の虚構や誇張が混入している可能性が高い。

また、「真名本」の作品としての構想も、祐親の人物造形に多大な影響を及ぼしていると考えられる。その構想とは、先に挙げた頼朝・祐親・曾我兄弟三者が関わる〈三種の敵討ち〉を組み合わせるというものである。無論、メインは曾我兄弟の〈実父の敵討ち〉である。二つ目は最初の子である千鶴を祐親に殺された頼朝の〈実子の敵討ち〉、三つめは頼朝に敵対して死んだ祐親の孫曾我兄弟の頼朝に対する〈祖父の敵討ち〉である。頼朝と祐親との因縁を如実に表すのは二つ目で、巻二に詳述される。ここでの祐親は無慈悲で残虐な敵役として描かれ、千鶴を殺さざるを得なかった事情などが考慮されることはない。

　さらに「真名本」は、伊東は貴種である頼朝に苦難を与えたがために滅び、北条は頼朝を受け入れ、援助したがゆえに子々孫々まで繁栄したと描いている。伊東と北条の対照性を際立たせるという構想である。祐親には批判を加える一方、北条時政や政子に対しては一貫して好意的である。とくに政子に対する称揚は甚《はなは》だしい。しかし、これらはあくまで「真名本」という作品の構想に沿った人物像である。

　以上のことから、祐親の人物像を客観的に捉えるには、「頼朝説話」を原拠にし、頼朝による〈実子の敵討ち〉の構想や、伊東・北条の対照性を打ち出した巻二ではなく、「伊東説話」を原拠にする巻一を参考にすべきであると考える。それは、まわりの状況を見極め、慎重に行動する賢さと所領を守り抜く責任感・意志の力を持ち、一族の若者に重恩を施し、幅広い人的ネットワークを築くとともに、領家との交渉力にも長けた人物、というものであった。この前提に立てば、流人時代の頼朝と祐親との関係も「真名本」巻二が描くものとは別物になってくるはずである。ひいては「貴種流離譚」や作品の構想にとらわれない頼朝の流人時代を解明することにつながるといえよう。

また、流人時代の最後の五年ほどを頼朝は北条で過ごした。祐親の人物像を変えれば、伊東から北条に移った経緯についても、「真名本」巻二の叙述とは別の形がみえてこよう。長々と伊豆国における工藤一族、伊東における所領争いについて述べてきたのはそれ故である。詳細は後述することとし、本節の最後では時政の代の北条氏について一瞥《いちべつ》しておこう。

伊豆国における北条時政

系図類や『吾妻鏡』によれば、北条氏は桓武平氏平貞盛《たいらのさだもり》の流れを汲む上総介《かずさのすけ》平直方《たいらのなおかた》の子孫であったという。ただ、直方以後は諸系図に混乱がみられ、諸説が入り乱れている。有力なのは、時政の祖父を時方《ときかた》、その子を時家《ときいえ》とし、時家の兄弟を時兼《ときかね》、その子を時定《ときさだ》とする菊池紳一《きくちしんいち》氏が主唱する説、そして時政の祖父を時家とし、その子を時兼、さらに時兼の子に時政・時定兄弟がいたとする野口実《のぐちみのる》氏が主唱する説である。いずれも時政の祖父の代に伊豆に下向して北条を本拠にしたとする点は同じであるが、時政の父の名すら時家だったのか時兼だったのか確定することができない。とすれば、娘の政子が頼朝の妻となったおかげで、時政も、その子孫も歴史に名を残すようになったということであり、平安末期に至るまでの北条氏が伊豆の有力武士であったとみることは難しいということになろう。

一方、系図には時家や時兼の傍注として「伊豆介《いずのすけ》」「北条介《ほうじょうのすけ》」という記載がある。北条は狩野川中流域にあり、北条氏が国衙とつながりを持っていた可能性は高い。しかし、時政には国衙に関わる注記がない上、叔父（もしくは父）の時兼と近い世代の狩野茂光や、茂光の子宗茂が「介」を称したことは確実である。北条氏が「介」であったかどうか疑わしい。系図作成の際、祖父や父の格を上げるために「介」の注記を加えた可能性もある。系図は子孫が先祖の繁栄を誇ろうと作成することが多く、同様の例はしばしばみられ

北条時政公肖像（願成就院蔵）

る。

また「真名本」巻三は、大番役で在京していた時政が山木《やまき》兼隆《かねたか》と同道して伊豆に戻った際、まず国府に入ったとする。そして、「時政は目代と打列《うちつ》れて府庁に留り候ひぬ。当時は神拝・政《まつりごと》に間《ひま》なくして、参り得ず候」すなわち「目代」兼隆とともに「府庁」つまり国府の庁舎に留まった時政は、兼隆が管内の神社を巡拝する「神拝」や「政」で忙しいので、自分も帰れないという手紙を北条に出したという。後述するように、兼隆はまだ目代になっていないが、頼朝に討たれた時に目代だったため「頼朝説話」では最初から目代扱いになっている。その兼隆とともに時政は府庁に留まったと「真名本」巻三は叙述するのである。説話中の叙述とはいえ参考になろう。

以上のことから、伊豆国における北条氏は、工藤一族には及ばないものの、在庁官人として国衙に関わる中程度の武士団だったと考えておきたい。

時政の京都志向

一方、発掘調査からは別の側面もみえてくる。狩野川東岸の小高い山である守山の北西の麓《ふもと》には、平安末から鎌倉初期に至るまで北条氏が居館としていた遺構、北条氏邸跡（円《えん》

北条氏邸跡（写真提供：伊豆の国市）

成寺《じょうじ》跡とも。現在の伊豆の国市大字寺家《じけ》字御産所《ごさんしょ》）がある。その十二世紀後半から十三世紀初頭にかけての出土品に、青磁同安窯《どうあんよう》系の碗《わん》、龍泉窯《りゅうせんよう》系の劃花文《かっかもん》碗といった、庶民には入手困難な舶来の高級陶磁器や、京都系の手作りかわらけ（素焼きの土器）がみられる。時政の代に水陸の交通路を通じて他地域と盛んに交流・交易を行っていたことをうかがわせる。

とくに時政が重視したのは京都とのつながりである。妻が二人いたと考えられるが、後妻は駿河国大岡牧《おおおかのまき》の預所《あずかりどころ》を務める大舎人允《おおとねりのじょう》牧宗親《まきむねちか》の娘（妹とする説もある）の「牧《まき》の方《かた》」であった。宗親の姉は平忠盛《ただもり》の後妻で、平頼盛《よりもり》の母池禅尼《いけのぜんに》

（宗子《むねこ》）である。つまり牧の方は池禅尼の姪《めい》、「池大納言《いけのだいなごん》」頼盛の従兄妹《いとこ》にあたる。大岡牧は現在の静岡県沼津《ぬまづ》市・裾野市一帯に比定され、駿河東端、伊豆に隣接する荘園であった。時政は比較的早い段階で、狩野川の沿道を北上して東海道に至り、京都とつながりを持つ大岡牧と何らかの関係を築いたのではないか。

また、『愚管抄《ぐかんしょう》』によれば、

> 時正（時政）ワカキ妻ヲ設ケテ、ソレガ腹ニ子共設ケ、ムスメ多クモチタリケリ。コノ妻ハ大舎人允宗親ト云ケル者ノムスメ也。（中略）嫡女ニハ、トモマサ（朝雅）トテ源氏ニテ有ケル（中略）ツ（カ）ハセケリ。コトムスメ共モ、皆公卿・殿上人ドモノ妻ニ成テスギケリ。

「ワカキ妻」牧の方の「嫡女《ちゃくじょ》」が朝雅に嫁し、「コトムスメ共」も「公卿・殿上人ドモノ妻」となったという。つまり時政は、牧の方が産んだ娘たちを次々に京都の貴族たちに再《さい》嫁《か》させたり結婚させたりしたのである。宇都宮頼綱《よりつな》の妻となっていた娘は藤原師家《もろいえ》に再嫁し、三条《さんじょう》（滋野井《しげのい》）実宣《さねのぶ》や坊門忠清《ぼうもんただきよ》と結婚した娘がいた。源氏一門の平賀朝雅《ひらがともまさ》に嫁していた嫡女も、時政失脚後の可能性はあるが、源国通《くにみち》に再嫁したことがわかっている。

　さらに、鎌倉後期の朝廷行事・有職故実《ゆうそくこじつ》に関する書『吉口伝《きっくでん》』は、伊豆で不祥事を起こした時政が、窮地を救ってくれた有能な実務官僚の貴族吉田《よしだ》経房《つねふさ》を頼朝に推挙したという説話的な記事を載せる。『吉口伝』の成立時期や説話的な叙述からみて、記事の内容がそのまま事実だったとは受け取れない。ただ、経房は仁平《にんぴょう》元年（一一五二）から保元《ほうげん》三年（一一五八）まで伊豆の受領を務めていた。その時期に両者の交流があった可能性はあろう。

　これらのことから、時政は伊豆では中程度の規模の武士であったが、京都の朝廷との人脈を形成するため積極的・多角的に交流・交易を行っていたと考えられよう。京都志向・上昇志向の強い、いささか山《やま》っ気《け》のある人物だったと思われる。以上、平安末期の伊豆国についてみてきた。次節では伊東氏と北条氏、さらに狩野氏も含めた相互の関係をみてみたい。

第二節　伊東氏と北条氏

伊東・北条の密接な関係

伊東氏と北条氏、とくに祐親と時政の関係を取り上げて詳細に論じた研究は、これまでのところあまりないように思われる。それは恐らく残存史料の少なさに起因するのであろう。しかし、史料が全くないわけではない。たとえば「真名本」や『平家物語』諸本の断片的な記述であり、北条氏の系図などである。それらを素材に両者の関係を論じてみたい。

まず、「真名本」である。曾我兄弟の母は、兄弟が二人とも元服すると、力を合わせて敵討ちに走るのではないかと心配したという。そこで、弟の筥王《はこおう》を筥根《はこね》（箱根に同じ。以下、箱根と表記）権現《ごんげん》に入れて僧侶にし、実父の菩提《ぼだい》を弔《とむら》わせようとした。ところが、建久元年（一一九〇）、すでに継父曾我祐信《すけのぶ》を烏帽子親に元服していた兄十郎祐成が、箱根権現を抜け出した弟を連れて北条を訪れ、時政に筥王の烏帽子親になってくれるよう頼んだ。快諾した時政は筥王を元服させ、偏諱《へんき》（名前の一字）「時」を与えて五郎時致と名乗らせた。これを知った母は五郎を勘当し、兄弟はやむなく親族の間を泊まり歩くことになった。「真名本」巻五は、兄弟が滞在した親族の名を列挙しているが、その中に次の記述がみえる。

北条殿の昔の姫、鎌倉殿の御台盤所《みだいばんどころ》の御母、時政の先の女房と申すも、これらがためには父方の伯母なり。さてこそ、北条殿も昔の縁《ゆかり》を忘れ給はずして、元服の子となしつつ、かやうに引き立てけり。

「北条殿の昔の姫、鎌倉殿の御台盤所」とは、北条時政の建久当時の妻牧の方が産んだ娘ではなく、昔に生まれた娘で、鎌倉殿頼朝の御台所《みだいどころ》になった政子のことを指す。その「御母」で「時政の先の女房」、つまり政子の母である時政の先妻も「これらがため」すなわち曾我兄弟にとっては「父方の伯母」であるという。父は伊東祐親の嫡子河津祐泰であり、伯母とはその姉、つまり祐親の娘ということになる。時政が「元服の子となしつつ」「引き立て」たのは、祐親の孫である曾我兄弟が自分の先妻と伯母・甥の間柄だったからに他ならない。兄弟が時政を頼ったのも、こうした関係があったとすれば得心がいく。

また、数ある北条氏関連の系図の中では、前田育徳会所蔵『平氏系図』が注目に値《あたい》する。義時のところに、母は「伊東入道女《いとうにゅうどうのむすめ》」という傍注がみえるからである。「伊東入道」とは祐親のことを指す。義時は政子と同母の姉・弟であるから、政子の母も「伊東入道女」ということになる。以上のことから、時政の最初の妻は祐親の娘で、祐親は時政の舅、時政は祐親の娘婿であったことがわかる。伊東・北条は姻戚関係にあったのである。

さらに、「真名本」巻二は、「伊東入道の子息」「伊東九郎助長《いとうのくろうすけなが》」つまり河津祐泰の弟「助長」（祐長に同じ。『吾妻鏡』『伊東大系図』では祐清《すけきよ》。以下、引用史料以外では「祐清」と表記）が頼朝を時政のもとに行かせる際、次のように語ったと叙述する。

北条四郎時政を憑《たの》みて疾《と》く疾く御超《おんこ》えあるべく候。北条も助長がためには元服の親にて候へば、助長、文を以て申すべく候はむ。

これによれば、時政は「助長」つまり祐清にとって「元服の親」、烏帽子親だったことになる。伊東・北条の間には烏帽子親子の関係もあったのである。

伊豆東岸を本拠とする伊東氏と、田方郡の狩野川中流域を本拠とする北条氏がなぜこれほど親密な関係を結んでいたのか、その辺りの事情は不明である。ただ、狩野川の上流には伊東氏と同じ工藤一族、その本流の地位を得た狩野氏の本拠がある。次に述べるように、政子の生年などから祐親・時政両者の接近は保元元年（一一五六）頃と考えられる。当時の狩野氏の当主は茂光であった。一方、祐親は伊東ではなく、まだ新興開発地の河津にいた。茂光が一族本流の年長者として、狩野川流域の武士団と関係を作ろうとする祐親をサポートし、北条氏につなげる仲介役を果たしたことは十分にあり得よう。

生年の推定

ところで、北条氏は鎌倉時代を通じて発展したため、主な人物の没年と享年を記した史料が存在する。これによって生年を推定することができる。この手法や、誕生時の史料を用いて源頼朝の子と孫、時政の子と孫の生年を明らかにしたのが次ページの表である。

これによれば、時政の生年は保延《ほうえん》四年（一一三八）となる。時政長女の政子は保元二年（一一五七）、次男の義時は長寛《ちょうかん》元年（一一六三）、三男時房は安元元年（一一七五）、牧の方が産んだ四男政範《まさのり》は文治五年（一一八九）である。義時の子供たちは、長男泰時が寿永《じゅえい》二年（一一八三）、次男朝時《ともとき》が建久五年（一一九四）、三男重時《しげとき》が建久九年、四男政村《まさむら》が元久二年（一二〇五）である。ただし、時政の長男とされる宗時《むねとき》は、治承四年（一一八〇）に没したことはわかっているものの、享年が不明であるため、生年を明らかにすることができない。

源氏・北条氏の没年・享年・生年

人名	没年	享年	生年	典拠
源　頼朝	建久10年(1199)	53	久安3年(1147)	『公』『尊』等
大姫	建久8年(1197)	19~20	治承2～3年(1178～79)	『愚』『延』『真』
三幡	正治元年(1199)	14	文治2年(1186)	『吾』正治元年6月30日条
源　頼家	元久元年(1204)	23	寿永元年(1182)	『吾』元久元年7月19日条、『尊』
一幡	建仁3年(1203)	6	建久9年(1198)	『吾』建仁3年8月27日条、『尊』『愚』
公暁	建保7年(1219)	20	正治2年(1200)	『吾』建仁2年11月21日条、『尊』
源　実朝	建保7年(1219)	28	建久3年(1192)	『吾』建久3年8月9日条、『公』『尊』
北条時政	建保3年(1215)	78	保延4年(1138)	『吾』建保3年1月8日条、『尊』
北条政子	嘉禄元年(1225)	69	保元2年(1157)	『吾』嘉禄元年7月11日条
北条宗時	治承4年(1180)	?	?	『吾』治承4年8月24日条
北条義時	貞応3年(1224)	62	長寛元年(1163)	『吾』貞応3年6月13日条
北条泰時	仁治3年(1242)	60	寿永2年(1183)	『平』仁治3年6月20日条、『尊』
北条朝時	寛元3年(1245)	52	建久5年(1194)	『吾』寛元3年4月6日条、『尊』
北条重時	弘長元年(1261)	64	建久9年(1198)	『吾』弘長元年11月3日条、『尊』
北条政村	文永10年(1273)	69	元久2年(1205)	『尊』
北条時房	延応2年(1240)	66	安元元年(1175)	『吾』延応2年1月24日条、『尊』
北条政範	元久元年(1204)	16	文治5年(1189)	『吾』元久元年11月5日条

※『吾』は『吾妻鏡』、『公』は『公卿補任』、『尊』は『尊卑分脈』、
『愚』は『愚管抄』、『平』は『平戸記』、『延』は『延慶本』、
『真』は『真名本』

一方、伊東氏についても「真名本」や『伊東大系図』などの記述によって、生年をある程度の範囲に絞り込める。まず、明確にできるのが祐継とその子祐経である。『伊東大系図』『伊東系図』の祐継の注記に「永暦元年庚辰七月十三日逝去、四十三」とあることから、祐継の生年は元永《げんえい》元年（一一一八）と判明する。祐継死去時に祐経が九歳だったという「真名本」の記述を信じるならば、祐経の生年は仁平二年（一一五二）となる。「真名本」巻一は、祐経が二十一歳で武者所の筆頭となり、訴訟を起こしたと記す。承安《じょうあん》二年（一一七二）頃である。祐泰殺害が安元二年であるから、思い通りにいかず実力行使に踏み切るまで四年ほど訴訟を続けたというのは、いかにもありそうな話である。

他に没年・享年がわかるのは曾我兄弟の実父河津祐泰である。「真名本」は安元二年の死去時に三十一歳としているので、生年は久安《きゅうあん》二年（一一四六）となる。頼朝より一歳年長である。祐泰には三浦義澄《みうらよしずみ》の妻となった姉がいたと「真名本」は記すが、時政の妻となった姉もいたわけであるから、父親の祐親は遅くとも保安《ほうあん》三、四年（一一二二、一一二三）頃には生まれていたと考えられよう。祐継より四、五歳しか年少ではないが、祐親の父祐家と祐継は異母兄弟であるからあり得ないことではない。また、家継（祐隆、法名は寂蓮または寂心）は祐継に伊東を相続させた際、祐親には河津を譲ったという。とすれば、すでに祐親は自立できる年齢に達していたといえよう。二人の年齢差が四、五歳ならば、祐継が危篤になった時、祐親は三十代後半ということになり、九歳の祐経を祐継が祐親に託したのもうなずける。

さらに、祐親、時政、政子の生年から、時政の妻となって政子を産んだ祐親の娘の生年も、ある程度の範囲に絞り込める。保延四年（一一三八）生まれの時政の結婚相手としてつり合いがとれ、かつ出産可能な範囲は永治《えいじ》元年（一一四一）前後である。その頃に生まれたとすれば、時政の二、三歳年下、数え年十七、八歳で政子を産んだことになる。満年齢でいえば十六、七歳であり、出産時の年齢がやや若いように思われるが、当時としては不自然ではない。そこで、政子を産んだ祐親の娘は永治元年頃に生まれた祐親の第一子と推定しておきたい。

時政の妻たち

時政の妻となった祐親の娘は、政子の他に宗時、義時、足利義兼《あしかがよしかね》の妻となる娘、阿波《あわの》局《つぼね》を産んだと思われる。このうち長男の宗時は生年がわからないにもかかわらず、これまで政子の兄とみなされてきた。しかし、先の推定に従えば、政子は父親の時政が数え年で二十歳、母親が十七、八歳で生まれたことになる。しかも、次男義時は政子より六歳も年下である。とすれば、宗時は政子より後、義時より前に生まれた第二子とするのが妥当なのではないか。

　では、その宗時がなぜ政子の兄とみなされてきたのか。そこには系図の記載方法という落とし穴があったと考える。系図は、通常、男子を列挙した後に女子を書き並べる。たとえば、頼朝と政子の長女大姫《おおひめ》は、「延慶本」などから、頼朝挙兵の治承四年（一一八〇）以前に誕生していたことが確認できる。ところが、系図では、挙兵以後の寿永元年（一一八二）に生まれた頼家、建久三年（一一九二）生まれの実朝の後に配置されている。政子と宗時の場合も、系図では政子が宗時・義時・時房・政範ら男子の後に置かれている。このため、本来は姉・弟であったものが兄・妹と誤解され、いつのまにかそれが定着してしまったのではないか。同様に、阿波局も『尊卑分脈』では兄弟姉妹の最後に置かれているが、義時より十二歳年少の三男時房の姉と考えるべきであろう。

　ともかく時政は極めて子沢山であった。前節で触れたように、政範と、平賀朝雅の妻（源国通《くにみち》に再嫁）、三条実宣の妻、宇都宮頼綱の妻（藤原師家に再嫁）、坊門忠清の妻、大岡時親《ときちか》の妻、合わせて六人の子を牧の方との間にもうけた。他に河野通信《みちのぶ》の妻となった娘もいる。

この娘の母親も牧の方だったとすれば、彼女は七人の子を産んだことになる。

さらに、時政には稲毛《いなげ》重成《しげなり》の妻となった娘と畠山《はたけやま》重忠《しげただ》の妻となった娘もいた。重忠の生年は没年・享年から長寛二年（一一六四）と判明する。義時より一歳若いだけである。とすれば、彼女たちは安元元年（一一七五）に生まれた時房の姉、母は祐親の娘だった可能性が高い。祐親の娘は、政子から時房まで八人の子を産んだことになる。やや多すぎるようにも思われるが、牧の方も六、七人の子を出産しているわけであるから、少子化の現代と違い、一人の女性が八人産むこともあったのであろう。

ただし、政子と頼朝が結婚した時もそれ以降も、「真名本」『吾妻鏡』などの諸史料が時政の妻として叙述するのは牧の方だけである。とすれば、祐親の娘は、安元元年に八人目の時房を出産した後、しばらくして死去した可能性があろう。出産は母体に大きな負担をかける。医療が未発達の古代・中世では、出産後に死去する女性が少なくなかった。また、当時、貴族や上流の武士には正室以外に側室を迎える一夫多妻がみられるが、時政クラスの坂東武士がいちどきに複数の妻を持つことはなかった。「真名本」にも複数の妻を持つ武士は描かれていない。たとえば、曾我兄弟の継父曾我祐信も、妻が死んだことにより兄弟の母と再婚したのである。祐親の娘が死んだと考えれば、時政が後妻として若い牧の方を迎えたとしても不自然ではない。

なお、時政の妻として、祐親の娘と牧の方の間に足立遠元《あだちとおもと》の娘がいたとする説もある。ただ、結婚や出産の年齢などから本書はこの説をとらない。もし遠元の娘も妻となり、時房を産んだということがあったとしても、牧の方との再婚の前に死去したと考えるべきであろう。

以上、没年と享年、そこに結婚の適齢や女性の出産可能年齢を加味することで、ある程度あり得る可能性を提示することができたのではないか。

頼朝の配流地

伊東氏・北条氏の人間関係や年齢など基本的な情報が出そろった。次には、前節で明らかにした祐親の人物像も考慮に入れつつ、頼朝の流人時代についてみていこう。

平治の乱で父源義朝が敗死し、囚われの身となった十四歳の頼朝は、永暦《えいりゃく》元年（一一六〇）三月、死罪を免れて伊豆に流罪となった。鳥羽《とば》上皇の皇后待賢門院璋子《たいけんもんいんしょうし》と関係のあった頼朝の母の実家熱田大宮司家《あつただいぐうじけ》の奔走により、待賢門院の娘である上西門院《じょうさいもんいん》やその弟の後《ご》白河《しらかわ》上皇が、平清盛《きよもり》の継母池禅尼に頼朝の助命を働きかけたと考えられる。こうした状況では、清盛としても継母による助命嘆願を受け入れざるを得なかったのであろう。

配流地が伊豆に決まったのは、一つには本書冒頭で述べたように、伊豆国が中央政治から隔絶しやすい東海道からはずれた半島で、政治犯を流すのに適していたからである。ただ、より重要なのは平家の家人である伊東氏の本拠があったからだと考える。

一方、「真名本」や『平家物語』諸本が頼朝の配流地とするのは、田方郡北条の東に位置する蛭《ひる》ヶ《が》小島《こじま》である。かつて狩野川は北条の東側を流れ、多数の中洲が点在していた。蛭ヶ小島はそうした中洲の一つで、地名として残っていたものと思われる。その後、流路が変わり、平安末期にはすでに現在と同じく北条の西側、江間との境を流れるようになっていた。配流地が北条のすぐ近くの蛭ヶ小島とされてきたのは、頼朝が北条氏の力を借りて挙兵したからだと考える。

ところが、「真名本」にも『平家物語』諸本にも、流人時代の頼朝と監視役の伊東祐親との逸話が残されている。伊豆東岸の加茂郡伊東から田方郡の蛭ヶ小島まではかなりの距離がある。配流地が蛭ヶ小島だったとしたら、祐親が日常的に監視することは不可能であり、二人の逸話が残るはずもない。また、頼朝が流された当時の伊東の当主は、父家継の死後、都から戻っていた祐継であった。先に述べたように、祐継は武者所に祇候して在京活動に励む役割を担っており、平家の家人としても活動していた可能性が高い。とすれば、家人の祐継に監視させるため、頼朝を伊東に流したと考えるのが自然であろう。「真名本」には頼朝の居所として「伊藤の御所（「真名本」は伊東を伊藤と表記）」という場所が出てくる。伊東の御所こそ頼朝の配流先だったとすべきである。

祐親の人的ネットワーク

永暦元年（一一六〇）三月、頼朝の流人生活は伊東祐継のもとで始まった。ところが、七月に祐継が四十三歳で死去してしまった。かくして河津から乗り込んできた祐親と頼朝との因縁が始まる。ただ、その因縁に触れる前に、祐親自身の活動についてみておこう。

祐親の活動で注目すべきは、幅広い人的ネットワークの形成である。その際、祐親が重視したのは姻戚関係と烏帽子親子関係であった。先に、北条時政と自分の娘を結婚させたことはみた。これにより、祐親は田方郡の狩野川中流域に進出する足掛かりを得たといえる。その時期は、政子の生年が保元二年（一一五七）であるから、その一年程前と考えられる。

次いで祐親は、海上交通でも伊豆東岸とつながる相模の大武士団三浦氏に目を向けた。

三浦氏は、義明《よしあき》が源義朝の長男義平《よしひら》を擁《よう》して相模東部に勢力地盤を築き、武蔵《むさし》の秩父《ちちぶ》一族の畠山重能《しげよし》に娘を嫁がせ、武蔵にも力を伸ばしていた。ところが、平治元年（一一五九）の平治の乱で源氏が没落し、秩父一族の族長権も重能から川越《かわごえ》氏に移ったことで、義明は戦略の変更を迫られた。そこに祐親からの誘いである。これを受け入れた義明は、次男義澄と祐親の娘を結婚させた。その時期は、義澄の長男義村《よしむら》が長寛元年（一一六三）生まれの北条義時よりやや若かったとみられることから、平治の乱の四、五年後だったと推定できる。

また、祐親は嫡子河津三郎祐泰と狩野茂光の娘、すなわち「真名本」に「河津の女房」「曾我の母」という名で出てくる曾我兄弟の母親との結婚を通じて、工藤一族の本流狩野氏との連携も強化した。その時期は、曾我兄弟が安元二年（一一七六）の実父祐泰横死の際、五歳・三歳であったという「真名本」の記述から、承安元年（一一七一）以前であったことがわかる。なお、「曾我の母」については、これまで茂光の「孫」と考えられてきた。しかし、実際には茂光の「娘」であった可能性が極めて高い。この点については後述する。

さらに祐親は、承安二年以降に祐経との所領争いが起きると、祐経と結婚させた娘を取り返し、相模国の土肥実平の嫡子遠平に再嫁させた。「真名本」は本家・領家の裁定に満足しない祐経が、駿河国の船越氏・吉川氏を味方に引き入れて祐親を討とうと試みたものの、祐親が警戒を強化したため力及ばず都に戻ったとするが、続けて次のように叙述する。

その後、助親は腹を立てつつ、助経は我がために後暗《うしろめたな》き者とて娘をば押執《おっと》り返しつつ、相模の国の住人土肥次郎実平が嫡子に弥太郎《やたろう》遠平《とおひら》を聟《むこ》に取けり。

これによれば、遠平への娘の再嫁は、本家・領家の裁定や祐経による最初の武力行使計画の「その後」だったという。とすれば、その時期は、祐経が祐親・祐泰父子の暗殺を謀《はか》った安元二年十月の少し前、同年の前半と考えるのが妥当であろう。

一方、烏帽子親子については北条氏や相模の土肥氏との間にみられる。先に、祐泰の弟祐清が、北条時政を自分の烏帽子親だと語る「真名本」巻二の叙述を挙げた。土肥氏との関係は「真名本」巻一にみえる。伊豆奥野《おくの》における狩りの余興の相撲で、三十二番も勝ち続けた相模の武士俣野《またの》景久《かげひさ》が、調子に乗って年長者の土肥実平を侮《あなど》る場面である。「穏便第一の者」であった「河津三郎助通」は、ここで「烏帽子親の実平」のために奮起し、俣野を二度にわたって投げ飛ばす。曾我兄弟の実父を称揚する叙述とはいえ、烏帽子子として烏帽子親のために尽くそうとする姿は、当時の武士の実態を伝えるものとして説得力がある。なお、元服は十三歳頃から十六歳頃までのどこかで行うのが通例である。とすれば、祐泰が実平を烏帽子親に元服した時期は、祐泰の生年が久安二年（一一四六）であることから、保元三年（一一五八）頃から応保《おうほう》元年（一一六一）頃であったといえる。先にみた娘の遠平への再嫁も、伊東・土肥両氏の間にこうした関係があったからと考えれば納得できる。

一方、京都では、伊東荘の領家である平重盛が仁安《にんあん》二年（一一六七）二月に権大納言《ごんのだいなごん》に昇任し、五月には賊徒追討の宣旨《せんじ》を受けて平氏軍政の中心に立った。清盛の後継者としての地位を固めたわけである。その後、健康を害するなどして権大納言の辞任・還任《げんにん》を繰り返すが、承安四年（一一七四）七月、右近衛大将《うこんえのたいしょう》に任官、安元元年（一一七五）十一月には大納言、同三年（八月に治承と改元）三月には内大臣にまで昇任した。この間、安元二年五月には再び賊徒追討の宣旨を受け、その存在感を高めた。平治の乱後から安元年間、西暦でいえば一一六〇年代から七〇年代後半にかけて平家一門が繁栄し、伊東荘の領家平重盛が京都政界で躍進したことは、家人である祐親の勢力伸長の後押しになったことであろう。その勢いは伊豆国内の武士たち、同族の狩野氏にも少なからぬ影響を与えたと考えられる。

狩野氏の立場

狩野川上流域の狩野荘を本拠とする狩野氏が、茂光の代に国衙の介の地位を得て、伊豆の工藤一族における本流の地位を得たことは前節で述べた。平治の乱後も京都政界で活動する摂津《せっつ》源氏の頼政が伊豆の知行国主《ちぎょうこくしゅ》、嫡子の仲綱《なかつな》が伊豆守《いずのかみ》になると、茂光は国衙を通じて源氏との関係を深めていった。「真名本」巻五には次のような叙述がみえる。

> 伊豆の国の国司源三位入道頼政《げんざんみにゅうどうよりまさ》の嫡子、伊豆守仲綱《いずのかみなかつな》の乳母子《めのとご》に左衛門尉仲成《さえもんのじょうなかなり》と云ひける人を国司代に下されたりける程に、時の威に付て鹿野介《かのうのすけ》も我が孫子なれば聟に取りてけり。

冒頭の「伊豆の国の国司」は伊豆国の知行国主のことである。その知行国主たる「源三位入道頼政」の嫡子「伊豆守仲綱」の「乳母子」だった「左衛門尉仲成」という人物が、「国司代」つまり目代として伊豆に下向した際、「鹿野介」茂光は仲成を「聟」に取ったという。「時の威に付て」とは、時の権勢ある者と関係を持って自分もその勢威に乗じようとしたという意味である。国衙の介になることで地位を築いた茂光らしい動きといえよう。

一方、国司や目代にとっても現地の有力者と姻戚関係を結ぶことは、国務をつつがなく遂行する点でも、私腹を肥やす点でもメリットがあった。そこで、そのまま任国に留住する者もいたが、多くは任期が終われば上洛した。仲成も「男子一人、女子一人」をもうけたが、任期が終わり、上洛することになった。その際のことを「真名本」巻五は次のように叙述する。

> 左衛門尉仲成も国を得替《とくたい》して上りける時、妻子をも引き具すべき由を思ひけるに、祖父の鹿野介も斜《なの》めならず糸惜《いとお》しくて身を放たじと思ひける上に、母も折節病悩ありければ、
>
> 「追て奉るべし」
>
> と申しければ、力及ばずして外戚の祖父に預けて上洛しぬ。
>
> その後、河津三郎が婦妻と成て年月を送りし程に、男子三人儲《まう》けたり。今の十郎助成・五郎時宗（「真名本」は時致を時宗と記す）・伊藤禅師これなり。

これによれば、仲成が国を替えることになって上洛する時、「妻子」を連れていこうとしたが、「祖父の鹿野介」が引き止めたいと思った上に、ちょうど「母」も病気になったので、仕方なく「外戚の祖父」に預けて上洛したという。その後、茂光のもとに残った仲成の妻は「河津三郎」祐泰に再嫁し、曾我兄弟と「伊藤禅師《いとうぜんじ》」を産んだという。再嫁が承安元年（一一七一）以前だったことは先に述べた。平重盛が平氏軍政の中核となり、祐親が勢いを増してきた頃である。茂光は、今度は祐親の「時の威」に乗じたのである。平家が繁栄する中、祐親の勢いに警戒しつつも、工藤一族の本流という立場を守ろうとしたのであろう。

茂光の孫娘か娘か

ところで、「真名本」には「祖父の鹿野介も斜めならず糸惜しくて」「外戚の祖父に預けて」と記されていた。この記述から、目代仲成の妻として二人の子を産み、次いで祐泰の妻となって曾我兄弟を産んだ「河津の女房」つまり「曾我の母」は、長らく「鹿野介」茂光の孫娘とみなされてきた。しかし、茂光は、元永元年（一一一八）に生まれた祐継の弟である。早ければ同二年、遅くとも保安年間（一一二〇〜二三）頃の生まれである。その孫娘が久安二年（一一四六）生まれの祐泰と結婚し、曾我兄弟を産んだとはとうてい考え難い。しかも、彼女は祐泰と結婚する前に仲成の子を二人も産んでいるのである。とすれば、彼女は茂光の「孫娘」ではなく「娘」であったとみなすべきであろう。

では、なぜ「真名本」は先のような叙述をしたのか。近年、伊藤邦彦《いとうくにひこ》氏がこの疑問に明快な答えを出した。それは、「真名本」の文章が全編にわたって曾我兄弟の視点に立っている、ということである。「祖父の鹿野介」は曾我兄弟からみて「鹿野介」が「祖父」だからであり、茂光は曾我兄弟の母の父であるから「外戚の祖父」ということになる。「母も折節病悩ありければ」の「母」は、「曾我兄弟の母」と解釈しなければ文意が通らない。唯一理解しづらいのは、「鹿野介も我が孫子なれば聟に取りてけり」の箇所である。ただ、曾我兄弟は茂光にとって自分の孫であるから、彼らのために勢威のある目代を「聟」に取った、つまりこの結婚は曾我兄弟のためだったと伝えようとしたと解釈することはできよう。論理的な文章とはいえないが、伝えたいことは理解できる。ともあれ、茂光や祐泰の生年を考えれば、曾我兄弟の母が茂光の「孫娘」ではなく「娘」だったことは動かない。

以上、伊東氏、北条氏、狩野氏相互の関係についてみてきた。その中で、頼朝が伊東に配流されたことも確認した。次章では、その頼朝の流人時代についてみてみたい。

第二章　流人時代の頼朝

第一節　伊東祐親と頼朝

頼朝の最初の妻

流人時代の頼朝については、「真名本」や「延慶本」「闘諍録」「盛衰記」などの『平家物語』諸本に、「貴種流離譚」の構造を持つ「頼朝説話」をもとにした叙述があり、『吾妻鏡』にも断片的な記事がみえる。これらには極めて類似した表現が多々みられるだけでなく、プロットもほぼ同じである。監視役の伊東祐親は流離の貴種たる頼朝に苦難を与える役である。しかし、それが現実の祐親の人物像と一致するわけでないことは先に述べた。とすれば、頼朝にふりかかった苦難も史実と一致しない面があろう。過去の拙著（『源頼朝と鎌倉』）では諸本の叙述をそのまま用いた箇所が多かった。しかし、頼朝の苦難が史実だったかどうか、やはり検証する必要がある。そのために、まずは頼朝と祐親がどのように描かれているのか、「真名本」を中心に、適宜『平家物語』諸本とも比較しつつ確認してみたい。

「真名本」で伊東における頼朝が描かれるのは巻二である。巻一も、祐泰暗殺の安元二年(一一七六)伊豆奥野の狩りに頼朝が参加していたかのごとく描いているが、これは次節で指摘するように「真名本」の構想に基づく虚構である。そこで、巻二の叙述をみていく。巻二は「そもそも流《る》人《にん》兵衛佐殿《ひょうえのすけどの》と申すは」という表現で頼朝について書き始める。続けて、「御年十三と云ふ永暦元年正月」に生け捕りにされ、「池の尼公《あまぎみ》」池禅尼の「申し状」によって「死罪」を免ぜられて「流罪」となり、「伊豆国北条郡蛭小嶋《ひるがこじま》に移され」たと記す。「永暦元年正月」頼朝は十四歳になっており、「十三」というのは誤りである。また、配流地が「北条郡蛭小嶋」でなかったことはすでに述べた。この程度の不正確さはしばしばみられる。

さて、頼朝と祐親との因縁は次の叙述から始まる。

伊藤次郎助親には娘四人候ひけり。第一は三浦介義澄の女房なり。第二は相模の国の住人土肥次郎実平が嫡子に早河弥太郎遠平が妻女なり。三、四は未だ親の許《もと》に在り。中にも三の妃《ひめ》は美女の聞《きこ》えあり。兵衛佐殿忍びてこれを思《おぼ》し食《め》されける程に、年月久しく積りて若君一人出《い》で来《きた》り給へり。佐殿《すけどの》大きに喜びて御名をば千鶴《せんつる》御前《ごぜん》とぞ呼ばれける。佐殿喜び思し食す事限りなし。

源頼朝木像（甲斐善光寺蔵）

これによれば、祐親には「娘四人」がいて、「第一」は三浦義澄の妻、「第二」は土肥実平の嫡子遠平の妻、「三、四」は未婚で「親の許」にいたという。第二の娘は初め祐経の妻になり、所領争いの過程で遠平に再嫁した娘であるが、その点には全く触れていない。伊東を舞台にした巻一の「伊東説話」と、頼朝を主人公とする巻二の「頼朝説話」が別々に形成されたことを示す好例である。そして、「美女の聞え」のある「三の妃」つまり三女と密かに契《ちぎ》りを結んだ頼朝が、「千鶴御前」という名の男児をもうけたと記す。ここまでは、「延慶本」「闘諍録」「盛衰記」も細かい表現に異同はみられるが、ほぼ同じである。

祐親の四人の娘

ところで、四女についてはどの本にも叙述がない。結婚したとすれば相手の名前ぐらいは記すであろう。四女が実際にいたのか疑問を抱くほどである。「延慶本」に至っては、

> 娘四人アリ。一人ハ相模国ノ住人三浦介義明ガ男、義連《よしつら》ニ相具《あいぐし》タリ。一人ハ同国住人土肥次郎実平ガ男、遠平ニ相具セリ。第三ノ女《むすめ》、未ダ男モ無《なか》リケレバ、兵衛佐忍《しのび》ツ、通《かよひ》ケル程ニ、男子一人出来《いでき》ニケリ。

とし、「娘四人」としながら挙げているのは三人だけである。三浦義連（義澄の誤り）の妻と遠平の妻も「第一」「第二」の娘とは書かず、「一人ハ」のごとく曖昧に表現する一方、頼朝の妻だけは「第三」の娘と明記する不自然さがみられる。

こうした疑問や不自然さが生じたのは、祐親と時政の関係を叙述に反映させなかったたからであると考える。前章でみたように、祐親には義澄の妻となって義村を産んだ娘の上に、政子を産んだ娘がいた。政子は義村より六歳以上年長であるから、義澄の妻は「第一」ではなく「第二」の娘、遠平の妻が「第三」の娘、そして頼朝の妻は「三女」ではなく「四

女」だった可能性が高い。これならば「娘四人」という叙述とも整合性がとれる。

この点に関しては、祐親には先妻と、先妻の死後に娶った後妻がいたと考えるとしっくりいく。先妻が時政の妻となった娘を産み、後妻が義澄らの妻となった娘たちを産んだとすれば、義澄の妻を後妻が産んだ最初の娘であるから「第一」と記してもおかしくない。「真名本」によれば、祐親の祖父家継（法名寂連。「真名本」では寂心）にも先妻と後妻がいた。曾我兄弟の継父曾我祐信も妻が死んだため、兄弟の母を後妻として迎えたという。このような例は少なくない。ともあれ、祐親には「四人」の娘がいて、かつ「四女」の存在を示す史料がないわけであるから、時政の妻が長女、異母妹として義澄の妻となった次女、遠平の妻である三女、そして頼朝の妻となり千鶴を産んだ「四女」がいたとするのが妥当であろう。

では、なぜ時政の妻となった長女に触れなかったのか。それは、祐親が頼朝に苦難を与える話の冒頭にあたるからだと考える。とくに「真名本」は北条氏を称揚する傾向が強い。さすがに祐親の長女が時政の妻だとは書けなかったのではないか。その意味では、先に挙げた巻五の叙述、曾我兄弟の親族を列挙する部分に時政・政子の名を挙げたのは例外的である。錚々《そうそう》たる御家人たちを書き並べた以上、時政や政子にも触れざるを得なかったのであろう。以上のことから、「頼朝説話」は祐親の四人の娘の中から時政の妻となった長女を除外したため、頼朝の妻となった祐親の「四女」を「三女」とせざるを得ず、「真名本」や『平家物語』諸本がそれを取り込み、定着するに至ったと考えたい。

なお、頼朝の妻となった娘は「八重姫《やえひめ》」という名だったという伝承がある。北条氏の本拠近くの真珠院《しんじゅいん》（静岡県伊豆の国市中條《ちゅうじょう》）境内には「八重姫御堂《みどう》」と呼ばれる堂もある。ただ、諸本には「八重」という名がみえない。恐らく室町後期から江戸期にかけて在地伝承として生まれた名なのであろう。とはいえ、「三女」とするのも正確ではない。そこで、確固たる文献史料は現存しないが、本書では在地伝承の「八重姫」「八重」という名を用いることにしたい。

邪見放逸な祐親

「真名本」巻二は、先の叙述に続けて、頼朝は千鶴が元服したら伊東・北条を率いて挙兵し、自分の運を試したいと思ったと記す。そこに、在京していた祐親が戻ってきた。「延慶本」「闘諍録」「盛衰記」の『平家物語』諸本は、祐親が「大番」役で在京していたと明記する。当時の大番役は三年間の在京であった。祐親が工藤祐経との訴訟を有利に運ぶため、この在京を積極的に活用した可能性が高いことは前章第一節で述べた。

　久々に戻った我が家で、祐親は庭の植え込みを見回っていた。すると、侍女たちに抱かれて花を見て回る幼い千鶴の姿が目に入った。不審に思って妻に尋ねると、慈《いつく》しんで育てた「妃君《ひめぎみ》」が祐親の留守中に高貴な男性ともうけた子だと答えるではないか。祐親は「親の知らぬ聟《むこ》やあるべき」と腹を立て、さらに問い詰めた。その剣幕《けんまく》に妻は「咹《あれ》こそ兵衛佐殿の若君よ」と白状するしかなかった。祐親は、

　世になし源氏の流人を聟に取て子を生ませつつ、平家方より御科《とが》めのあらむ時は入道がいかが答へ申すべき。


と激怒したという。平家の家人である祐親にしてみれば、「世になし源氏」つまり日陰者の源氏の、しかも流人の子を娘が産んだとなれば、「平家方」より「御科め」があった時に弁解のしようがない。祐親が激怒したのは客観的にみても当然といえる。

　ただ、その後の祐親の仕打ちがひどかった。巻二によれば、祐親は翌日、娘八重のところに人を遣《つか》わして千鶴を誘い出すと、若党《わかとう》二人・雑色《ぞうしき》二人に、松河の上流に連れて行って、

おもしの石を括《くく》り付け、「岩倉の瀧山蛛《たきやまくも》が淵《ふち》」に沈めよと命じたというのである。「三歳」の千鶴は「父よ、母よ、乳母《めのと》よ、何路《いづち》へ行きぬるぞ。我をばいづくに遣《や》るぞや」と腕にしがみついたが、若党たちは無慈悲にも千鶴を沈めてしまったという。『平家物語』諸本は「ふしづけにしてけるこそ悲《かなし》けれ」と叙述するだけであるが、「真名本」巻二は、祐親や若党たちを「邪見放逸《じゃけんほういつ》」、つまり道理を心得ない乱暴な者と手厳しく批判する。また、孫である千鶴を無残にも溺死《できし》させたことから、人々は口々に祐親を非難したとも記す。

　さらに、祐親は「佐殿の最愛に思《おぼ》し食《め》されける北の方」八重を奪い返し、「当国の住人江馬次郎《えまのじろう》に取らせにけり」、つまり江間次郎（以下、引用史料以外は江間と表記）という伊豆国の武士に再嫁させたという。江間次郎については、「延慶本」「盛衰記」が「当国ノ住人エマノ小次郎」、「闘諍録」が「当国の住人江葉《えま》の小次郎近末《こじろうちかすえ》」とし、微妙な違いがみえる。

　こうした仕打ちに頼朝が嘆き悲しみ、怒りに打ち震えたことはいうまでもない。「真名本」巻二は「兵衛佐殿も若君を失はれ給ひし御歎き、喩《たと》へ遣《や》るべき方ぞなき（中略）剰《あまつさ》へ北の方の飽かぬ別《わかれ》の悲しさ」と記し、頼朝の悲しみを強調する。「延慶本」と「盛衰記」は、頼朝は嘆くだけでなく祐親を討ちたいと思ったが、「大事」すなわち平家を滅ぼす前に「私ノ怨」で命を落とすのは愚かであると踏み止まったとする。「闘諍録」もこれに近い。

『平家物語』諸本は、あくまで頼朝が平家を滅ぼすことに重点を置いているのである。

頼朝の「伊東脱出」

その後、「真名本」巻二は、

> 伊藤入道も情《なさけ》なき彶《ふるまひ》をして、後嫌妨《いぶせ》くや思ひけむ、「この兵衛佐殿は、一定《いちじょう》末代の敵となり給ひなん。さればこの人を失はざりしかば悪《あ》しかりなん」と思ひつつ、兵《つはもの》共を集めて兵衛佐殿を夜討ちにせむとぞ支度しける。

祐親も後々面倒なことになりそうだと思ったのか、頼朝は将来きっと「末代の敵」となるだろうから今のうちに殺さなくてはまずいと考え、兵を集めて夜討ちの準備をしたと記す。

ここで「北の小御所」に赴《おもむ》き、頼朝に手を差し伸べたのが「伊藤九郎助長」であった。『吾妻鏡』が「祐清」と記す祐親の次男である。祐清は「親にて候ふ入道、老耄《ろうもう》仕り候ひて、小事を大事」になしているので、「急ぎ一歩《ひとまど》なりとも立ち忍ばせ給へ」としばらく身を隠すよう助言した。頼朝が、祐親にそこまで思い込まれた以上は遁《のが》れようがない、さりとて誤ったことをしたわけではないので自害もできない、うまく計らってほしいと頼むと、祐清は、

「北条四郎時政を憑《たの》みて疾《と》く疾く御超《おんこ》えあるべく候。北条も助長がためには元服の親にて候へば、助長、文を以て申すべく候はむ」とて、御前を立ちけり。

「北条四郎時政」のもとに向かうことを勧め、時政は「元服の親」すなわち烏帽子親なので、自分からも手紙で知らせると答えて出ていったという。前章第二節で挙げた箇所である。

一方、『平家物語』諸本は「真名本」とやや異なる。「延慶本」は、祐親が「悪行ヲ企《くはだてむ》ト仕《つかまつ》ル。心ノ所及《およぶところ》制止仕レドモ、思《おもひ》ノ外《ほか》ノ事モコソ出来侍レ、立忍《たちしの》バセ給へ」と記し、悪行を企てる祐親によって思いのほかの事が起きるかもしれないので、身を隠すよう勧めたとする。「盛衰記」も同じである。「闘諍録」は「君を夜討ちに為《し》奉らんと相ひ議《はか》り候ふ。

（中略）入道の思ひ立たざる前《さき》に、君須《すべから》く此の所を立ち出でたまふべし」と記し、「夜討ち」の語は用いるが、単に伊東を出るよう助言したとするだけである。いずれも時政・祐清の烏帽子親子関係には触れず、時政のもとに向かうようにも勧めていない。

また、『吾妻鏡』養和二年（一一八二、五月に寿永に改元）二月十五日条には次のような記述もみえる。

> 去《さんぬる》安元々年九月のころ、祐親法師武衛《ぶえい》を誅《ちゅう》し奉らんと欲す。九郎この事を聞き、潜かに告げ申すの間、武衛走湯山《そうとうさん》に逃げ給ふ。

すなわち安元元年（一一七五）の九月頃、「祐親法師」が「武衛（兵衛府《ひょうえふ》の中国風の呼び名。右兵衛佐だった頼朝を指す）」を殺そうとしたが、「九郎」祐清がひそかに頼朝に告げ知らせたので「走湯山」伊豆山権現（伊豆山神社）に逃れたという。避難場所を伊豆山権現とするのは『吾妻鏡』だけである。頼朝の挙兵後、政子らが伊豆山に避難したことや、伊豆・箱根両権現に対する幕府の崇敬を背景に、伊豆山を褒め称えるため一時的な避難場所に挙げたのであろう。

伊豆山権現（伊豆山神社）

さらに、注目に値するのは「安元々年九月」という記述である。これにより祐親が大番役で在京していた時期が判明する。大番は三年であるから、祐親は承安二年（一一七二）九月頃に上洛し、安元元年八月頃に伊東に戻ったことになる。承安二年は、第一章第二節で述べたごとく、祐経が武者所筆頭となり、訴訟を提起した頃である。上洛した祐親に祐経が不満をぶつけ、これを祐親が受け入れなかったことから訴訟に発展したと思われる。上洛時期から、祐親が在京して訴訟に対応したことを裏付けることができよう。

頼朝の「北条入り」

さて、祐清の助言を得た頼朝は、戦って一矢報いるより命を全うすべきだと考え、従者の盛長《もりなが》・盛綱《もりつな》二人を残して自分が小御所《こごしょ》にいるかのごとく装い、「大鹿毛《おおかげ》」という馬に乗り、「鬼武《おにたけ》」という舎人《とねり》だけを従え、夜陰に紛れて「伊藤の御所」を出た。そして、道すがら我が子の敵《かたき》祐親を討たせ給えと八幡大菩薩《はちまんだいぼさつ》に祈念した。

この後『平家物語』諸本は「其後北条四郎時政ヲ相憑《たのみ》テ過給《すごしたまひ》ケル」と記すなど、一気に北条での話に飛んでしまう。一方、「真名本」巻二は頼朝の「北条入り」の様子を詳しく叙述する。明け方になって北条に到着した頼朝が助けを求めると、

> 北条四郎時政も走り出でて御馬の手縄《たづな》に取り付きつつ、諸共《もろとも》に涙を流しけり。入れ奉りつつ様々に労《いたは》り奉りて、子息の小四郎義時が宿所を構へて入れ奉り、今は東の小御所と号して、義時をば別の方に移しけり。伊藤の荘《しょう》より寄する事もこそあれとて、結《けち》番《ばん》して佐殿をば守護し奉る。これぞ北条の運の開くる始めなる。

涙を流して迎えた時政は、義時の宿所を頼朝の居所にして「東の小御所」と呼び、祐親の

攻撃に備えて交代で頼朝を守護したと記す。そして、北条氏が発展したきっかけは、頼朝を喜んで受け入れた時政の好判断であったと時政を褒め称えるのである。

さらに「真名本」巻二は、頼朝の「伊東脱出」後の祐親についても次のように叙述する。

> 伊藤入道は案に相違しければ力及ばずして、北の小御所をば焼き払ひつつ、石居《いしずゑ》ばかりぞ残りける。「いかなる人の知らせ奉りぬらむ」と癈疥《はいかい》（徘徊）すれども甲斐もなし。されぱとてまた北条へ寄するにも及ばず。

思い通りにいかなかった祐親は、頼朝のいた「北の小御所」を焼き払い、誰が頼朝に告げたのかと詮索してまわったが、無駄であった。「さればとてまた北条へ寄するにも及ばず」、そうかといって北条へ攻め寄せることもできなかったと叙述する。

「千鶴殺害」の意味

以上、「真名本」と『平家物語』諸本が描く伊東における「頼朝説話」、すなわち「八重姫との悲恋」「千鶴殺害」「伊東脱出」「北条入り」についてみてきた。これだけを読めば、

音無神社。頼朝と八重姫が密会を重ねたと伝えられる。

祐親は非難されるべき無慈悲で暴力的な人物、哀れなのは頼朝と八重姫、幼くして殺された千鶴ということになる。しかし、「貴種流離譚」である以上、頼朝の苦難が誇張・強調されている可能性が高い。無論、すべてが根拠のない虚構というつもりはない。何らかの史実が反映されたものと思われる。そこで、これらの叙述のどこに、どのような形で史実が反映されているのか、どのような虚構・誇張があるのか検証してみたい。

まず「千鶴殺害」である。祐親が千鶴を殺させたのは史実であろう。なぜなら、千鶴が男児だったからである。平家に敵対した源氏の嫡子の男児である以上、平重盛家の家人である祐親はその命を奪うしかなかった。頼朝自身も、後年、弟の義経との関係が破綻すると、義経の妾《しょう》で、当時懐妊していた静《しずか》を鎌倉に連行し、生まれてくる子が女児であれば育てることを許すが、男児であればすぐ殺すように命じた。不幸にも生まれてきた子は男児だったため、静の必死の懇願もむなしく由比浦《ゆいのうら》に捨てられ殺された。このように、敵対者の子が男であれば、嬰児《えいじ》、幼児であっても命を奪うことが常であった。そうした時代背景を考えれば、「千鶴殺害」は平家家人の祐親にとって不可避の選択だったといえよう。

　ただ、千鶴は祐親の孫である。「真名本」が人々は口々に祐親を非難したとするのもそれ故である。とはいえ、かつて幼い祐経らを引き取って養育し、「重恩」を施した祐親である。千鶴を殺しても全く心が痛まなかった、何も感じないほど無慈悲だったとは考えにくい。何よりも慈しんで育ててきた娘八重に対して、さすがに負い目を感じたのではなかったか。「真名本」にみえる人々の非難は、祐親が貴種の頼朝に苦難を与える役であることと不可分であると考える。

　しかし、最初の子である千鶴を殺された頼朝が悲しみに沈み、祐親に怒りを覚え、怨みを抱いたのは間違いない。諸本の記す頼朝の悲しみ、怒りもまた史実といえよう。八重はもっと悲惨である。腹を痛めて産んだ最初の子を自分の父親に殺されたのである。その悲嘆・苦悩は計り知れない。さらに、八重は祐親によって頼朝との別れも強要され、江間次郎（小次郎）に再嫁させられて悲しみに沈んだと諸本は記す。

「江間再嫁」の意味

それにしても、なぜ再嫁先が江間だったのか。これまで八重の「江間再嫁」について論じられることはほとんどなかった。それは、「頼朝説話」における祐親を、貴種の頼朝に苦難を与える敵役と捉えるだけで、その人物像や感情に顧慮してこなかったからだと考える。つまり、娘八重の子を殺した父親としての負い目、それでも捨てることのなかった平家家人としての矜持《きょうじ》、一族を守ろうとする責任感や強い意志などを捨象してきたのである。

「真名本」や『平家物語』諸本は、祐親が頼朝から無理やり娘八重を引き離し、八重にも懲罰の意味を込めて再嫁させたかのごとく叙述する。しかし、第一章第一節で触れたように、江間は狩野川を挟んだ北条の対岸の地である。川幅は三、四十メートル、最大でも五十メートルほどしかない。江間と北条は目と鼻の先、隣同士の関係にあった。しかも、時政は祐親の娘婿であるから、北条には八重の姉（異母姉）もいる。時政自身も祐清の烏帽子親である。傷ついて再嫁してきた八重を気遣ってくれる人々が、川を挟んだすぐ隣にいたのである。

また、小領主である江間次郎も、隣人北条の親戚にして、勢威ある祐親の娘、美女の誉《ほま》れ高い八重を喜んで迎えたであろう。無論、祐親にしてみれば、小領主に過ぎない江間次郎は娘の結婚相手として不釣り合いである。しかし、八重を頼朝から引き離さなければ、二人目の子供ができないとも限らない。それは避けねばならない。娘を大切に扱ってくれると期待できる江間次郎に再嫁させたことには、傷心の娘に対する祐親の心遣いが垣間見《かいまみ》える。要するに、八重の「江間再嫁」は、平家への聞こえを怖れる祐親が、悲嘆にくれる娘に対し父親として示し得るギリギリの落としどころだったと考える。こうした妥協策・解決策をひねり出す祐親というのも、すでに明らかにした人物像と矛盾しない。

祐親の「夜討ち」計画

次に問題にしたいのが祐親の「夜討ち」計画である。「闘諍録」以外の『平家物語』諸本には、「悪行」「思ノ外ノ事」といった表現しかなく、「夜討ち」という語はでてこない。

これに対して伊東と北条の対照性を強調し、祐親を頼朝の実子の敵とする構想に基づく「真名本」は詳しく具体的である。とはいえ、祐親が夜討ちを実行に移したという叙述はない。盛長と盛綱が「北の小御所」に残って明け方まで来襲に備えたが、何事もなかったため頼朝の後を追ったとする、いわば拍子抜けの叙述がみられるのみである。

無論、祐親は、親のいぬ間をねらって大切な娘に子供を産ませた頼朝に腹を立てたに違いない。親が結婚相手を決める時代である。美女の誉れ高い八重が未婚だったのは、慈しんで育てた娘にふさわしい、かつ伊東氏のネットワークを広げる上で役に立つ相手を選ぼうと祐親が考えていたからであろう。祐親の怒りは理解できる。しかも、その愛娘が産んだ子、祐親にとっては孫にあたる千鶴を殺さなくてはならなかった。怒りに任せて「頼朝は絶対に許さない、夜討ちをかけて殺してやりたい」程度のことを口走ったとしても不思議ではない。

また、流人の頼朝に対し、乳母《めのと》の比企尼《ひきのあま》が生活物資を伊豆に送り続けて支援したという有名な逸話がある。しかし、「北の小御所」をはじめ基本的な衣食住は十数年間にわたって祐親が提供してきた。表向きは流人の監視であるが、実質的には祐親が頼朝の生活を保証し養っていたに等しい。これを祐親が今まで通り継続するのは心情的に難しかったと思われる。それこそ「延慶本」が記すように「思ノ外ノ事」が起きないとも限らない。

頼朝にとっても、これ以上伊東で暮らすのは辛《つら》かったであろう。いくら敵対者の男児だからとはいえ、我が子を殺されたのである。最愛の妻とも別れさせられた。祐親に衣食住を施され、その顔色をうかがうことは耐え難かったに違いない。伊東での頼朝の流人生活は、もはや祐親・頼朝双方にとって限界に来ていたと考えられる。

頼朝による祐親の恩赦

ところが、『吾妻鏡』には興味深い記事がある。挙兵成功後の祐親に対する頼朝の処遇である。『吾妻鏡』治承四年（一一八〇）十月十九日条によれば、捕縛された祐親が頼朝の滞在する黄瀬川《きせがわ》の旅亭に連行されると、

> 祐親法師の聟三浦次郎義澄、御前に参上し、これを申し預かる。罪名落居の程、義澄に召し預くるの由、仰せらる。

頼朝は娘婿の三浦義澄の願いを聞き入れ、罪名が定まるまで祐親の身柄を預けると命じた

という。伊東であれほど精神的に追いつめられた者の行動としてはいささか理解に苦しむ。怨念が強ければ、捕縛するや否や処刑してもおかしくないであろう。

それればかりではない。『吾妻鏡』寿永元年（一一八二）二月十四日条によれば、

御台所御懐孕《かいよう》の由風聞するの間、義澄便を得て、頻りに御気色を窺ふの処、御前に召し、直《じき》に恩赦あるべきの旨、仰せ出ださる。

政子が懐妊したという風聞があったので、この機会をとらえて義澄がしきりに頼朝の意向をうかがったところ、祐親を御前に召し出し、じきじきに恩赦しようと口にしたという。政子の懐妊という祝賀気分の中ではあるが、頼朝は祐親を恩赦する決定まで下したのである。確かに、時政や義澄ら挙兵成功の功労者たちは祐親の娘婿であり、政子は祐親の孫にあたる。義澄だけでなく北条氏の人々の口添えがあったことも十分に想定される。しかし、「真名本」巻二の叙述をそのまま信じるならば理解しづらい展開といえるのではないか。

伊東九郎祐清の提案

そこで注目したいのが祐親の息子、河津三郎祐泰の弟、伊東九郎祐清である。祐清には悪評を伝える史料が一つもない。「穏便第一の者」とされた兄祐泰と同じく、穏やかで誠実な人柄だったのであろう。祐泰は安元元年（一一七五）当時、河津にいた。怒りに任せて頼朝を殺すと息巻く父をなだめるのは、「伊東」を名字とし、祐親の傍《かたわ》らにいた祐清以外にない。

祐清は考えたであろう。頼朝は左馬頭《さまのかみ》源義朝の嫡子で、十三歳にして右兵衛権佐《うひょうえごんのすけ》という地方武士では到達し得ない官職に任じられた「貴種」である。祐継や祐親が、十四歳で伊東に下ってきた頼朝のために、「北の小御所」と呼ぶ居所を用意したのもそれ故である。しかも、平家から処刑が命じられることはなく、すでに十数年が過ぎている。祐親のような一介の地方武士が、娘の結婚・出産がらみで勝手に頼朝の命を奪うというのは、祐親一人にとどまらず、伊東氏の一族全体を危うくすることになるかもしれない。

実際、頼朝の流罪には、母親の実家である熱田大宮司家が奔走し、大宮司家と関係のある待賢門院璋子の娘と息子、すなわち上西門院と後白河院が、池禅尼や平清盛に助命を働きかけたことが功を奏したとされている。頼朝自身も上西門院の蔵人《くろうど》であった。単に池禅尼が憐《あわ》れみをかけて清盛に助命を嘆願しただけではなかった。頼朝の命は平家のみならず、上西門院や後白河院によって救われたのである。十数年が経つ間に、ひょっとすると、都の当事者たち、清盛や後白河らは伊豆に流した頼朝のことなど忘れてしまったかもしれない。ただ、祐清に都のトップの心境の変化などわかるはずもない。精神的に限界に達し、「悪行」「思ノ外ノ事」を仕出かしそうな父を止めなくてはならない。祐清はそう考えたのではないか。

「真名本」によれば、その祐清が頼朝に提案したのが、自分の烏帽子親である北条時政のもとに行くことであった。祐清は自分も手紙を書くといい残して出ていったという。ただ、書いた手紙を頼朝に渡した、あるいは使者に託して送った形跡はない。祐親の「夜討ち」という緊急事態が実際に発生していたのであれば悠長な話である。

しかし、父が精神的に限界に達していることを察した祐清が、「夜討ち」などという「悪行」「思ノ外ノ事」を計画する前、少なくとも実行に移そうとする前に、この提案をしていたとしたらどうであろうか。まだ緊急事態に至ったわけではないから、祐清の行動が悠長であっても問題はない。時政に手紙を書く余裕も、使者に持たせて届けさせる時間もある。しかも、この提案は頼朝だけでなく、結果的に父の祐親や伊東氏全体をも救うことになる。祐親は憎き頼朝に危害を加え、殺してしまうリスクを冒すことなく厄介払いができる。万が一、平家から頼朝のことを尋ねられても、所在を把握しているから答えられる。また、頼朝は時政の庇護下に入ることで、祐親に睨《にら》まれる危険から解放される。なかなかの妙案である。

祐清はこの提案を頼朝だけでなく祐親にも行い、誰も傷つけることなく事態を収拾しようとしたのではないか。祐親もはっきりと同意はしないまでも、一族を守り抜く持ち前の責任感から、黙認することはあり得たであろう。また、北条の隣の江間には八重がいる。祐清は、少しでも近いところに頼朝を移して妹の心を慰《なぐさ》めたいと考えたのかもしれない。祐清の人柄を考えると、そう思わずにはいられない。

頼朝「北条入り」の新解釈

では、頼朝を迎え入れる時政はどうか。降って湧いたような話であり、当初は驚き困惑したに違いない。ただ、上昇志向の強い時政である。しかも、在庁官人として国衙と関わりを持っていた。伊豆の知行国主は摂津源氏の頼政、国守は嫡子の仲綱であり、時政はすでに国衙を通じて源氏とつながる機会を得ていたのである。とすれば、祐親と違って平家への聞こえを怖れる必要がないばかりか、義朝の嫡子を手元に置くことで自らの地位を上昇させる一手を得たと感じたであろう。時政にも祐清の提案に乗るメリットがあったのである。

「真名本」巻二は、北条に現れた頼朝を時政が涙を流して迎え入れ、歓待したと叙述する。祐親のもとにいるはずの流人が急に目の前に現れたら、もっと驚き当惑するのが自然である。手際が良すぎるといえる。祐親は祐親で、もぬけの殻になった「北の小御所」を焼き払ったものの、「北条へ寄するにも及ばず」だったという。祐親が北条に攻め寄せたという叙述はこの後にも全くみられない。伊東と北条を対照的に描き、北条を称揚する「真名本」ならではの叙述といえる。しかし、祐清の提案によって、頼朝の「北条入り」が祐親の了解、少なくとも黙認のもと、時政が合意する形で行われたとすれば、時政が頼朝を歓待したのも、祐親が北条に攻め寄せなかったのも理解できよう。

これらの点を総合すれば、頼朝は伊東で祐親の怒りを買うトラブルを起こしたが、祐清の提案により、頼朝の身柄を北条に移すという形で事態の収拾が図られた、というのが実態に近いといえるのではないだろうか。これならば、『吾妻鏡』が記す頼朝による祐親恩赦の決定も、命の恩人祐清の無罪放免も無理なく理解できる。

ところが「頼朝説話」は、「夜討ち」という苦難を頼朝に与える祐親、危機脱出のきっかけを作る祐清、頼朝を受け入れて再生させる救済者時政、この三者を「貴種流離譚」の構図にあてはめた。さらに、北条氏と伊東氏を対照的に描き、祐親を頼朝実子の敵とする構想を持つ「真名本」は、この構図を誇張し強調した。それが巻二の叙述であったと考える。

確かに、頼朝は我が子の千鶴を祐親に殺されるという苦難を体験した。また、最初の妻八重との別れも強要された。これらは史実であろう。頼朝からすれば祐親は許し難い無慈悲な人間である。しかし、千鶴殺害は当時の頼朝・祐親の置かれた状況では不可避の悲劇である。八重の江間再嫁も決して懲罰的なものではなく、父親としての祐親の配慮・温情であった。「真名本」巻二や『平家物語』諸本の叙述には史実が含まれているが、その叙述の持つ意味は「頼朝説話」が示すほど図式的で単純なものではないのである。

以上、伊東における頼朝の流人時代に考察を加えた。次節では、北条に移ってからの頼朝についてみていくが、ここにも「頼朝説話」の特徴が反映されている。なお、短く簡潔な叙述しかない『平家物語』諸本ではなく、叙述が詳細な「真名本」を中心に考察を加えたい。

第二節　北条時政・政子と頼朝

北条における頼朝の居所

北条に移った頼朝は、「真名本」巻二によれば、時政が構えた「東の小御所」に入ったという。ただ、流人の身分が解かれたわけではない。新たな流人生活が始まったにすぎない。その生活拠点である「東の小御所」はどこにあったのか。呼び名からして北条氏の居館の東にあったと考えられよう。前章第一節で述べたように、発掘調査によって、平安末期から鎌倉初期にかけての北条氏の居館が狩野川東岸の守山の北西、現在の伊豆の国市大字寺家字御産所にあったことが判明している。この北条氏邸からみて東のやや北寄りに位置するのが、「真名本」や『平家物語』に頼朝の配流地と記される蛭ヶ小島（現在の伊豆の国市四日町《よっかまち》）である。北条氏邸から直線距離で約一・五キロメートル、見通しのよい平地のただ中にある。現在は史跡公園として整備され、大きな石碑が立っている。

祐親のもとを出たとはいえ、頼朝はまだ流人である。迎え入れた時政としても、当初は自邸内に住まわせるわけにはいかなかったであろう。とはいえ、頼朝は貴種である。それなりの「御所」が必要であった。祐親は「北の小御所」を用意した。時政は自邸から東に約一・五キロメートル離れた蛭ヶ小島に「東の小御所」を用意したのではなかったか。

前節でみた「真名本」巻二は義時の宿所を頼朝の居所に充《あ》て、義時を他所に移したと記す。ただ、そこには子息の居所を変えてまで頼朝に尽くしたとすることで、時政の先見の明を強調する意図があったと考えられる。むしろ重要なのは、「真名本」がこれ以前に蛭ヶ小島という地名を用いてしまったという点である。巻二の頼朝登場の場面で、「そもそも流人兵衛佐殿と申すは（中略）伊豆国北条郡蛭小嶋に移され給ひしより」と記し、伊東時代の頼朝の話を始めるにあたって「北条郡蛭小嶋」という地名を挙げてしまったのである。となると、北条に移ってきた頼朝の居所に蛭ヶ小島の名を用いるわけにはいかなくなる。そこで、「東の小御所」と記さざるを得なかったのではないか。

北条入りしてからの一時期、頼朝が蛭ヶ小島に住んだことは史実だったのであろう。新たな監視者・庇護者となった北条氏邸から近すぎもせず離れすぎもせず、目立った障害物がなく、どこからでも監視することのできる蛭ヶ小島「東の小御所」は、流人の居所として最適である。その後、頼朝は北条氏の支援を受けて挙兵する。北条の蛭ヶ小島という地名は人々の記憶に強烈に刻み付けられたことであろう。「真名本」や『平家物語』が依拠

蛭ヶ小島石碑

した「頼朝説話」において、最初から「北条郡蛭小嶋」に配流されたかのごとく語り継がれたのもそれ故であると考える。このように考えれば、伊東・北条二つの流人時代のエピソードと、配流地としての蛭ヶ小島という地名を整合的に捉えることができるのではないか。

頼朝・政子の結婚と大姫の誕生

さて、「東の小御所」で新たな流人生活を始めた頼朝は、伊東での苦い経験に懲《こ》りもせず、時政の娘政子と交誼《こうぎ》を結ぶ。「真名本」巻三巻頭の小文には、次のような記述がある。

> 人王《にんのう》八十代高倉院の御宇《ぎょう》、安元弐年丙申年三月中半《なかば》のころより、兵衛佐殿は、北条の妃《ひめ》に浅からぬ御志に依て、夜々通はんとせし程に、姫君一人御在《おはしま》す。

これによれば、安元二年（一一七六）の三月半ば頃より、頼朝は政子に浅からぬ思いを寄せて通い始めたという。時期的には、安元元年九月頃、頼朝が伊東を出たとする『吾妻鏡』の記述とも矛盾しない。

「真名本」巻三や『平家物語』諸本によれば、その頃、時政は大番役で在京していたという。前年の安元元年九月には、北条で頼朝を迎え入れたわけであるから、時政の上洛は早くても安元元年の末、遅くとも安元二年の二月頃だったと考えられる。頼朝は時政が大番役のために北条を発った後、ほどなく政子に通い始めたわけである。

伊東でも同じである。先にみたように、祐親の大番による上洛は承安二年（一一七二）九月頃であった。また、安元元年八月頃に殺された千鶴は、数え年三歳だったのであるから、承安三年の遅くとも十二月までには生まれていたことになる。とすれば、頼朝は祐親が上洛するとほどなく八重に通い始め、懐妊させたと考えられよう。伊東でも何と頼朝の素早いことか。京都で生まれ育った頼朝にとって、女性に通うこと自体があたり前だったのかもしれない。もちろん個人の資質にもよるが。

ともあれ頼朝は、安元二年三月頃、時政の留守中に政子と結婚し、やがて「姫君」をもうけた。大姫である。少女時代のつらく悲劇的な恋から、薄幸の短い人生を送った頼朝・政子の長女である。『愚管抄』から、彼女は建久八年（一一九七）七月に亡くなったことがわかるが、享年が不明なため生年を確定することはできない。

北条政子像（安養院蔵）

ただ、「延慶本」巻五（第二末）は、頼朝挙兵の治承四年（一一八〇）八月十七日、佐々木兄弟が「未時計《ひつじのときばかり》（午後二時頃）、北条へ馳付《はせつき》タリケレバ」と記した後に、「兵衛佐殿ハ合《あわせ》ノ小袖ニ、藍摺《あいずり》ノ小袴《こばかま》キ給テ、烏帽子ヲシテ、姫君ノ二計《ふたつばかり》ニヤヲワシケム、ソバニヲキテオワシケリ」と叙述している。この「二計ニヤヲワシケム」姫君が大姫と考えられる。年齢は数え年であるから、この記事に従えば大姫の生年は治承三年ということになる。とはいえ、数え年二歳は満年齢に直せば一歳である。治承三年後半に生まれたとすれば満一歳にもなっていない。挙兵直前の緊迫した状況の中で、満一歳になるかならないかの女児を、頼朝がそばに置いていたということには違和感がある。治承三年の誕生だったとしても、年初か、遅くとも年の前半に生まれていたとする方がやや現実味は増すように思われる。また、「延慶本」は「計ニヤヲワシケム」という表現を取り、断定を避けていた。とすれば、治承二年後半に生まれた数え年三歳であった可能性も否定はできないであろう。

一方、「真名本」は「安元弐年丙申年三月中半《なかば》のころより」「夜々通はんとせし程に、姫君一人御在す」、つまり安元二年三月頃、頼朝・政子は交誼を結び、姫君が誕生したと記している。交際の開始から治承二年末までには一年九ヶ月ある。大姫がこの期間に生まれていたとみることも可能である。いずれにせよ、政子の懐妊自体は治承二年の年内か、遅くとも同三年の年初には判明していたと考えられよう。これは時政が大番役で在京している時期とほぼ重なる。

「真名本」にみえる矛盾

ところで、頼朝の政子との結婚時期、さらには北条入りの時期から、「真名本」の叙述にみられる矛盾を導き出すことができる。本章第一節の冒頭で、「真名本」巻一は伊豆奥野の狩りに頼朝が参加したと叙述していると指摘した。その際、これは史実ではないため、巻二の叙述を中心に「頼朝説話」をみていくとも述べた。巻一によれば、伊豆奥野の狩りは伊東祐親の主催によって安元二年（一一七六）十月に開かれたという。その帰り道に河津祐泰が工藤祐経の刺客八幡三郎に射殺《いころ》されたのである。ただ、この時すでに頼朝は北条入りしており、祐親主催の狩りに参加したはずがない。なぜこのような矛盾が生じたのか。

　巻一は伊東荘をめぐる祐親と祐経の争い、その果てに訪れた祐泰の横死《おうし》を描いた「伊東説話」をもとにする巻である。流人の頼朝は無関係であり、頼朝を描く必要はない。一方、「真名本」には、本書の冒頭でも述べたように〈三種の敵討ち〉という構想があった。曾我兄弟による実父の敵討ちがメインであることはいうまでもないが、他の二つは、祐親への頼朝による我が子の敵討ち、頼朝への曾我兄弟による祖父祐親の敵討ちである。いずれも頼朝と祐親が深く関わっている。さらに、曾我兄弟の実父の敵討ちも頼朝が主催する富士野の巻狩の場で果たされた。それ故「真名本」は、全編にわたって頼朝を陰の主役のごとく描いている。こうした構想に基づけば、作品の最初を飾る巻一の「伊東説話」に、無理やりにでも頼朝を登場させるしかなかったと考えられよう。

　ところが、その一方で「真名本」は、頼朝が政子のもとに通い始めた時期を奥野の狩りの前、安元二年三月だったと叙述する。恐らくはこれが史実であり、そう書かざるを得なかったからであろう。その結果、明らかな矛盾を露呈《ろてい》することになったのである。他にも作品の構想を優先したがために矛盾や不自然さを生じた箇所はある。そうした矛盾・不自然さがどこにあるのか、丹念に検証していかなくてはならない。ただし、その作業をしっかりと行えば、「真名本」は史料として貴重な情報を提供してくれる。

政子・兼隆のエピソード

さて、「真名本」巻三は、頼朝・政子の結婚の話を記した後、「継母の女房」が都の時政に手紙を送って告げ口をしたと叙述する。彼女は自分の娘を頼朝と結婚させたいと思い、政子を妬《ねた》み嫉《そね》んだのである。この「継母の女房」が誰なのか「真名本」は明確にしていないが、政子にとって継母といえば牧の方である。後年、牧の方は政子・義時と対立し、時政の失脚を招くことになる。ただ、都育ちの牧の方は、この時点ではまだ北条に下っておらず、時政の娘も産んでいない。ここは後年のイメージに基づいた虚構といえよう。

一方、時政は「当国（伊豆国）の目代、和泉《いずみ》判官平兼隆《かねたか》」と一緒に伊豆に下向する途中だったという。兼隆は、平氏ではあるが、清盛とは別に独自の勢力を築いていた平信兼《のぶかね》の子である。伊豆国山木郷《やまきのごう》に配流されて山木兼隆と名乗り、頼朝の挙兵で最初に血祭りにあげられた。使者に出会って手紙を読んだ時政は驚いた。というのも、「真名本」によれば、兼隆を「都にて聟に取て」下ってきたからである。ただ、両眼を閉じてしばらく思案した時政は、頼朝・政子の結婚を「我が子孫の繁昌すべき先表（予兆）か」と考え喜んだという。

　問題は兼隆である。時政は、伊豆の国府三島に着いたら素知らぬ体《てい》で府庁に留まり、政子を呼び出せば何とかなると考えたという。随分といい加減な対応である。頼朝・政子の結婚を喜んだ叙述とも合わないが、結局、呼び出された政子は兼隆の屋形に入れられる。しかし、そこは政子である。一夜も留まることなく屋形を抜け出すと、伊豆山権現密厳院《いずさんごんげんみつごんいん》の卿《きょう》の律師《りっし》の坊へと逃げ込んだ。これを知った頼朝も駆けつける。駆け落ちである。面目を潰された兼隆はいきり立ったが、二人は伊豆山の強大な僧兵たちに守られ、時政も傍観を決め込んだため、どうすることもできなかったという。

　以上が政子と兼隆の有名なエピソードである。いくつか興味深い点がみられるものの、全体としては史実とは認め難い。では、実際には何があったのか検証してみよう。

時政と後妻牧の方

　在京中、上昇志向の強い時政は、頼朝を手元に置いたことを踏まえ、頼朝の助命嘆願に尽力した池禅尼の子で、清盛と対立関係にある弟の頼盛に接近しようと試みた可能性がある。無論、時政クラスの地方武士が簡単に知遇を得ることなどできない。しかし、その人脈に連なる中流の貴族や武士に接触することはできたであろう。たとえば牧宗親である。武者所・大舎人允《おおとねりのじょう》を歴任した牧宗親は、伊豆に近接する平頼盛の所領、駿河国大岡牧《おおおかのまき》の預所《あずかりどころ》であった。時政は宗親の知遇を得ることには成功したと思われる。というのも、時政の後妻牧の方は、宗親の娘（または妹）だったからである。

　前章第二節で述べたように、時政の先妻は祐親の娘であるが、安元元年（一一七五）に時房を産んだ後、しばらくして死去したと思われる。時政の上洛は早くても安元元年末、遅ければ同二年の二月であるから、妻の死を知った上での上洛だったとも考えられる。また、たとえ祐親の娘の死が三月以降だったとしても、さすがに時政には手紙などで知らせたであろう。いずれにせよ、時政は在京中に後妻を探す境遇となったわけである。

　そうした時に知遇を得たのが宗親だったのではないか。そして、宗親を通じて若い牧の方を後妻に迎えるに至ったのだと思われる。これにより、時政は京都における人脈と若い妻という二つの成果を手にしたことになる。上昇志向・京都志向の強い時政の面目躍如《めんもくやくじょ》たるところであろう。と同時に、これは時政が優れた交渉能力を持ち、人的ネットワークの形成に長けていたことを如実に示すものといえる。後年、娘たちを次々と都の貴族や東国武士たちと結婚させることができたのも、こうした能力があったからと考える。

時政と兼隆の伊豆下向

ところで、時政の上洛が遅くとも安元二年（一一七六）二月だったとすれば、三年間の大番役を終えて北条に戻ったのは治承三年（一一七九）一月、都で残務整理などをしていれば二月頃ということになろう。「真名本」は、時政が兼隆と一緒に伊豆へ下向してきたと叙述するが、実際にそんなことが起こり得たのであろうか。

兼隆については、『愚昧記《ぐまいき》』（建久元年〔一一九〇〕に左大臣になった三条実房《さねふさ》の日記）の安元三年（八月に治承と改元）五月十六日条に、流罪の決定を受けた天台座主《ざす》明雲《みょううん》を延暦寺《えんりゃくじ》の大《だい》衆《しゅ》が奪還しようとしたため、「平兼隆検非違使也、和泉守信兼の子也、院宣を奉《うけたまは》りて守護」したという記述がみえる。これにより、当時、兼隆が検非違使《けびいし》だったことがわかる。さらに、注目すべきは『山槐記《さんかいき》』（建久二年に内大臣に昇った中山忠親《なかやまただちか》の日記）治承三年一月十九日条である。「除目《じもく》の

入眼《じゅげん》」つまり官職任免の正式決定の記事であるが、そこに、

解官右衛門尉平兼隆廷尉也、其の故を知らず、父信兼申し行うと云々

という記述がみえる。割注には、「廷尉《ていい》（検非違使尉《けびいしのじょう》の中国風の呼称）」の兼隆が、理由は不明であるが、「父信兼」の申請によって「解官《げかん》」されたとある。兼隆は何らかの理由で父から義絶され、右衛門尉と検非違使の職を解任されたのである。

その後、治承四年（一一八〇）の『吾妻鏡』八月四日条に「散位平兼隆前廷尉、山木判官と号すは、伊豆国の流人也、父和泉守信兼の訴へにより、当国山木郷に配し、漸《ようや》く年序を歴《ふ》る」、「延慶本」に「平家々人《けにん》当国目代、和泉判官兼隆ガ屋牧《やまき》館」と記されるまで兼隆に関する史料はない。在京義務のある検非違使を解任されれば都に留まる必要はなく、『吾妻鏡』が記すように信兼の訴えによって伊豆国山木郷に下ったのだと思われる。なお、「真名本」は兼隆を伊豆国の「目代」と記しているが、兼隆が目代になったのは、治承四年五月の以仁王《もちひとおう》の乱で伊豆の知行国主が源頼政から平時忠《ときただ》に代わり、頼政の孫である目代の有綱《ありつな》が逃亡した後である。伊豆に下った時には『吾妻鏡』が記すごとく「散位《さんに》（位階はあるが官職がない人

の肩書)」「前《さきの》廷尉」に過ぎなかった。

『山槐記』によれば、兼隆が解官されたのは治承三年一月十九日であった。とすれば、早ければ同年一月下旬以降のどこかで京都を発ち、伊豆に向かった可能性があろう。これは大番を終えた時政の伊豆下向とほぼ同じ時期である。残念ながら、時政が都で兼隆と接触したかどうか確認できる史料はない。同道して伊豆に下向したかどうかもわからない。ただ、時政と兼隆がほぼ同じ時期に伊豆に下ったことが史実であり、それが人々の記憶に残っていたとしたら、頼朝の挙兵を助けた時政と、挙兵で討たれた兼隆とを結びつけて語ろうとする動きが生まれるのは自然な流れといえよう。

さらに、時政の娘政子を平氏の一族兼隆に奪われそうになった頼朝が、政子の強い意志と果敢な行動で助けられたという刺激的な展開は、まさに「貴種流離譚」にふさわしい。以上のことから、時政と兼隆がほぼ同時期に伊豆に下向したという事実があり、それを契機に語り始められた「頼朝説話」のエピソードを「真名本」巻三が取り込んだと考えたい。

「頼朝説話」の最終局面

　先に「真名本」のこのエピソードには興味深い叙述がいくつかあると指摘した。たとえば、「継母の女房」が手紙で頼朝・政子の結婚を時政に告げたとする叙述である。これは在京中の時政に、時折、北条から手紙が送られていたことを示唆する。とすれば、「継母の女房」からではないにせよ、北条からの手紙で時政が娘政子と頼朝との関係を知った可能性は高い。前節でみたように、時政は頼朝を源義朝嫡子の「貴種」と承知して迎え入れた。伊東における頼朝と八重のいきさつも知っている。政子と頼朝との関係に驚きはしたであろうが、平家の家人ではない時政が祐親と同じ対応をとる必要はない。むしろ「真名本」が叙述するごとく、思案した末、子孫繁栄の予兆と前向きに捉えたのではないか。

　孫の大姫が生まれたのも、先に述べたように時政在京中の可能性がある。治承二年（一一七八）の誕生であれば時政が在京していたことは確実であり、治承三年前半の誕生であっても、政子の懐妊自体は時政在京中ということになる。恐らくは、これも手紙で知らされたことであろう。ただ、千鶴と違って大姫は女児である。何ら問題はない。時政は素直に喜んだと想像する。そうであったとすれば、時政が兼隆を婿に取る約束などするはずがない。この点からも、「真名本」の政子・兼隆のエピソードは頼朝の苦難を演出するための虚構といえよう。

次に興味深いのは、兼隆が国府で目代の業務引き継ぎをする際、時政も府庁に留まったと叙述している点である。無論、兼隆はまだ目代ではないが、時政が国府と何のつながりも持っていなければ説得力を欠く叙述になってしまう。逆に、時政を在庁官人とみなす認識があったとすれば不自然ではない。つまり、これは時政が在庁官人だったことの証左とまではいえないにしても、その可能性を示唆する叙述といえるのではないか。

この後「真名本」巻三は、伊豆山権現参籠中、頼朝側近の藤九郎《とうくろう》盛長《もりなが》（安達《あだち》盛長《もりなが》）がみた不思議な夢を、相模国から駆けつけた大庭《おおば》景義《かげよし》が占い、頼朝が「日本秋津嶋《あきつしま》の大将軍」となるめでたい験《しるし》だと語る「夢合せ」のエピソードを叙述する。試練・苦難を克服した「貴種」が尊い存在となることを暗示・予祝する「頼朝説話」の最終局面である。

「真名本」の場合、そこに政子を讃《たた》える話が追加される。政子も自分の夢を占い、「殿（頼朝）の御代の後は自ら将軍家の後家として、日本国を知行すべきや」と笑ったとするのである。さらに、「唐人《からひと》」が「日本は小国とこそ聞きぬるに、かかる賢女ありけるや」と感嘆したと叙述し、政子を「賢女」と褒め上げる。北条氏を称揚する傾向の顕著な「真名本」ならではの展開である。

以上、北条入り後の頼朝についてみてきた。政子という新たな妻を持ち、源氏に好意的な時政の庇護のもと、頼朝はようやく平和な日々を手に入れた。しかし、時政が伊豆に下向した治承三年から時代は大きく動き始める。平清盛が武力クーデターによって「治天《ちてん》の君《きみ》」後白河院の院政を停止《ちょうじ》し、翌治承四年二月には自分の孫にあたる言仁《ときひと》親王（安徳《あんとく》天皇）を践祚《せんそ》させたのである。これにより、清盛が率いる平家は栄華を極めたかにみえた。ところが、逆に反平家の機運が一気に高まり、時代は激動の内乱期へと突入する。次章では、頼朝の挙兵と内乱期における北条氏についてみていきたい。

第三章

頼朝の幕府樹立と北条氏

第一節　決死の挙兵

内乱勃発

治承四年（一一八〇）五月、後白河院の皇子以仁王の挙兵計画が発覚した。摂津源氏の名門、源三位《げんざんみ》頼政《よりまさ》や、延暦寺・園城寺《おんじょうじ》・興福寺《こうふくじ》の僧兵の武力を頼んだ以仁王が、諸国の源氏に挙兵を呼びかける「以仁王の令旨《りょうじ》」を発給し、平家打倒を計画したのである。情報を摑《つか》んだ平清盛は福原《ふくはら》から上洛して指示を出し、十五日、土佐《とさ》配流と決まった以仁王の三条《さんじょう》高倉《たかくら》の御所を検非違使らが包囲した。危険を察知した以仁王は直前に逃走し、頼政と嫡子仲綱、養子兼綱《かねつな》らと合流したが、宇治川《うじがわ》で平氏軍に追いつかれ、敗死した。以仁王の乱である。

すでに清盛の治承三年のクーデターによって後白河院や院近臣《いんのきんしん》の知行国は没収され、知行国主も平家の息のかかった者に交代していた。現地に赴く目代にも平氏の家人などが起用されたことで、院や院近臣と結んでいた在庁官人たちは抑圧を受け、既得権益を脅かされるようになっていた。以仁王の乱はこの動きに拍車をかけた。

相模国では清盛の「私郎従」といわれた大庭景親《かげちか》が、在庁官人系の大武士団三浦氏を圧迫するまでになり、上総国《かずさのくに》では新たに上総介（上総国は親王が国守になる慣例だったため上総介が受領《ずりょう》）になった平家の侍大将伊藤忠清《ただきよ》と在地最大の勢力である上総広常《かずさひろつね》との対立、下《しも》総国《うさのくに》では平忠盛の婿の千田親政《ちだちかまさ》と在地の有力者千葉常胤《つねたね》との対立が先鋭化した。

伊豆国では知行国主が源頼政、国守が仲綱だったことから、乱の影響は甚大であった。新たな知行国主には清盛の妻時子《ときこ》の兄平時忠がなり、息子の時兼《ときかね》を国守に起用した。時忠は『源平盛衰記』が「平大納言時忠卿の常の言に、此一門にあらぬ者は、男も女も尼法師も、人非人とぞ申されける」と叙述する平家の公卿《くぎょう》である。そして、乱前まで目代を務めていた頼政の孫有綱が奥州に逃亡したため、時忠は山木兼隆を新たな目代に任じた。情勢の大きな変化によって、平家の家人である伊東祐親の力はますます増大し、在庁官人として源氏とつながりのあった北条時政や狩野茂光らは急速に立場を悪化させた。

追いつめられる頼朝

以仁王は挙兵を成功させるため、各地に潜伏する源氏に決起を促す檄《げき》「以仁王の令旨」を送っていた。令旨を伝える使者は、山伏《やまぶし》に姿を変えた頼朝の叔父、新宮《しんぐう》十郎源行家《ゆきいえ》であった。行家が北条時政の庇護下に入った頼朝のもとに令旨をもたらしたのは四月二十七日であった。頼朝は源氏の祖先神を祀《まつ》る石清水八幡宮《いわしみずはちまんぐう》を遥拝し、恭《うやうや》しく令旨を受け取った。行家はこれを確認すると、頼朝の従兄弟《いとこ》源義仲《よしなか》らに令旨を届けるため北条を発った。

令旨を受け取ったことで、頼朝は平家打倒の兵を挙げる大義名分を得た。とはいえ、流人の頼朝には、藤九郎盛長らわずかな手兵と北条時政父子などの他に、信頼できる兵力はほとんどなかった。兵がいなければ決起などできるはずもない。

しかし、事態は徐々に深刻さを増していった。頼朝に挙兵の大義名分を与えた以仁王はあえなく敗死し、伊豆国は平家の知行国となった。さらに、清盛が頼政の残党を一掃するため、頼政の孫である目代の源有綱を追捕《ついぶ》するよう大庭景親に命じたのである。月に三度、都の情勢を手紙で頼朝に伝えていた三善康信《みよしやすのぶ》は、これを源氏追討の動きとみなして頼朝に急報した。頼朝周辺に緊張が走った。先にみたように、すでに有綱は逃亡していたため事なきを得たが、頼朝や時政は自分たちが追いつめられつつあることを自覚したに違いない。

ここで重要な意味を持ってくるのが、清盛に院政を停止され、福原に幽閉されていた後白河院の存在である。『平家物語』諸本は、伊豆に流罪となっていた怪僧文覚《もんがく》がひそかに後白河のもとに赴き、平家打倒の院宣《いんぜん》を得て頼朝に伝えたというエピソードを載せている。にわかには信じ難い話ではあるが、幽閉された後白河が伊豆に配流した義朝の嫡子を思い出し、何らかの形で密旨を与えた可能性がないとはいえない。元《もと》木《き》泰《やす》雄《お》氏は、後白河の知行国であった相模国の在庁官人三浦義澄と、後白河の姉上西門院の側近である千葉胤《たね》頼《より》が、大番役を終えて国に戻る途中、頼朝を訪ねたとする『吾妻鏡』六月二十七日条に着目する。二人がこの時、京都の情勢だけでなく、後白河の密旨を伝えた可能性もあるというのである。

　頼朝は東国各地に使者を送って兵を募った。ただ、多くが様子見を決め込み、面と向かって悪口雑言を吐く者すらいた。八月に入ると、以仁王の乱の鎮圧に動員された武士たちが続々と東国に戻ってきた。兵が集まらない中、頼朝と時政は挙兵するしかなくなった。

山木攻め

　最初に血祭りにあげるのは効果的な相手がいい。目代に起用された山木兼隆はうってつけであった。傍流とはいえ平氏の一族であり、目代という地位は伊豆の現地の代表者である。しかも、兼隆の住む山木郷は北条から東に約三キロメートルの距離にあった。奇襲をかけるには絶好の地である。また、山木郷の北には兼隆の後見役である堤権守信遠《つつみごんのかみのぶとお》がいた。兼隆と信遠をまとめて討つことができれば、挙兵の成功を喧伝《けんでん》できる。

『吾妻鏡』治承四年（一一八〇）八月六日条によれば、頼朝は藤原邦通《くにみち》と佐伯昌長《さえきまさなが》を御前に召して卜筮《ぼくぜい》（占い）を行わせ、挙兵決行の日を決めた。邦通は都から下ってきた文官で、盛長の推薦を受けて頼朝に仕えていた。昌長は筑前国住吉社《ちくぜんのくにすみよししゃ》の神主佐伯昌助《まさすけ》の弟で、兄とともに伊豆に流されていた神官である。流人の頼朝の周囲には、何らかの事情で伊豆や相模に下ってきた人々が集まり、それぞれの能力と技芸で独自の役割を果たしていたのである。

卜筮により、挙兵は「八月十七日寅卯《とらう》の剋《こく》（午前二時～六時）」と定まった。伊豆国の一《いちの》宮《みや》三島社の祭礼の日である。兼隆・信遠の従者たちが祭礼に出かけて警備が手薄になると予想される。とはいえ、頼朝側の戦力もわずかであった。『吾妻鏡』治承四年八月十六日条によれば、相模の渋谷重国《しげくに》の世話になっている佐々木定綱《さだつな》が、十六日に参向すると約束しておきながら姿を現さず、頼朝は定綱が裏切ったのではないかと疑心暗鬼になり、未明の挙兵を中止したという。定綱には経高《つねたか》・盛綱・高綱《たかつな》という弟がおり、佐々木四兄弟が挙兵に加わるか否かで大きな違いがあった。それほど頼朝の戦力は貧弱だったのである。

ただ、四兄弟は裏切ったわけではなかった。十七日の未《ひつじ》の刻（午後二時頃）、定綱・経高が疲れた馬に乗り、盛綱・高綱が徒歩でやって来た。十五日から降り続く雨で川が増水して渡れず、未明の挙兵に遅参したことを詫《わ》びた。この姿をみて頼朝は感涙を流して喜んだという。佐々木兄弟がそろったことで、今夜中に挙兵を決行することになった。

八月十七日深夜、頼朝は北条時政・宗時・義時父子、佐々木定綱・経高・高綱らに山木を攻め、火を放つように命じた。北条の居館からは守山があって山木まで見通すことはできないが、立ちのぼる煙はみえる。これによって勝利を確かめようとしたのである。また、大道の牛鍬大路《うしくわおおじ》を通るように指示した。北条から東に伸びる蛭嶋《ひるがしま》通りが山木へ行く最短経路である。幅の狭い間道であるから人目にもつきにくい。しかし、「事の草創」にあたって、騎馬で進むことも叶わない裏道を用いるのはふさわしくないと判断したのである。

北条父子・佐々木兄弟らは、まず北方の蕀木《ばらき》（現、静岡県伊豆の国市原木《ばらき》）に向けて三キロメートルほど進み、肥田原《ひたはら》（現、静岡県田方郡函南町肥田《ひた》）で東に曲がり、約五百メートル進んだ地点で二手に分かれた。佐々木兄弟は時政の雑色源藤太《げんとうだ》の案内に従い、そのまま東に一・五キロメートルほど進み、山木の北に位置する信遠の宅に至った。定綱・高綱が宅の背後に回り、前庭に進んだ経高が矢を放った。『吾妻鏡』同日条は「是《これ》、源家《げんけ》の平氏を征する最前の一箭也《いっせん》」と記す。

一方、佐々木兄弟と別れた北条父子は南南東に二・五キロメートルほど進み、兼隆の館の前の天満坂辺りで矢を放った。しかし、館に残っていた兼隆の郎従たちも手強く、信遠

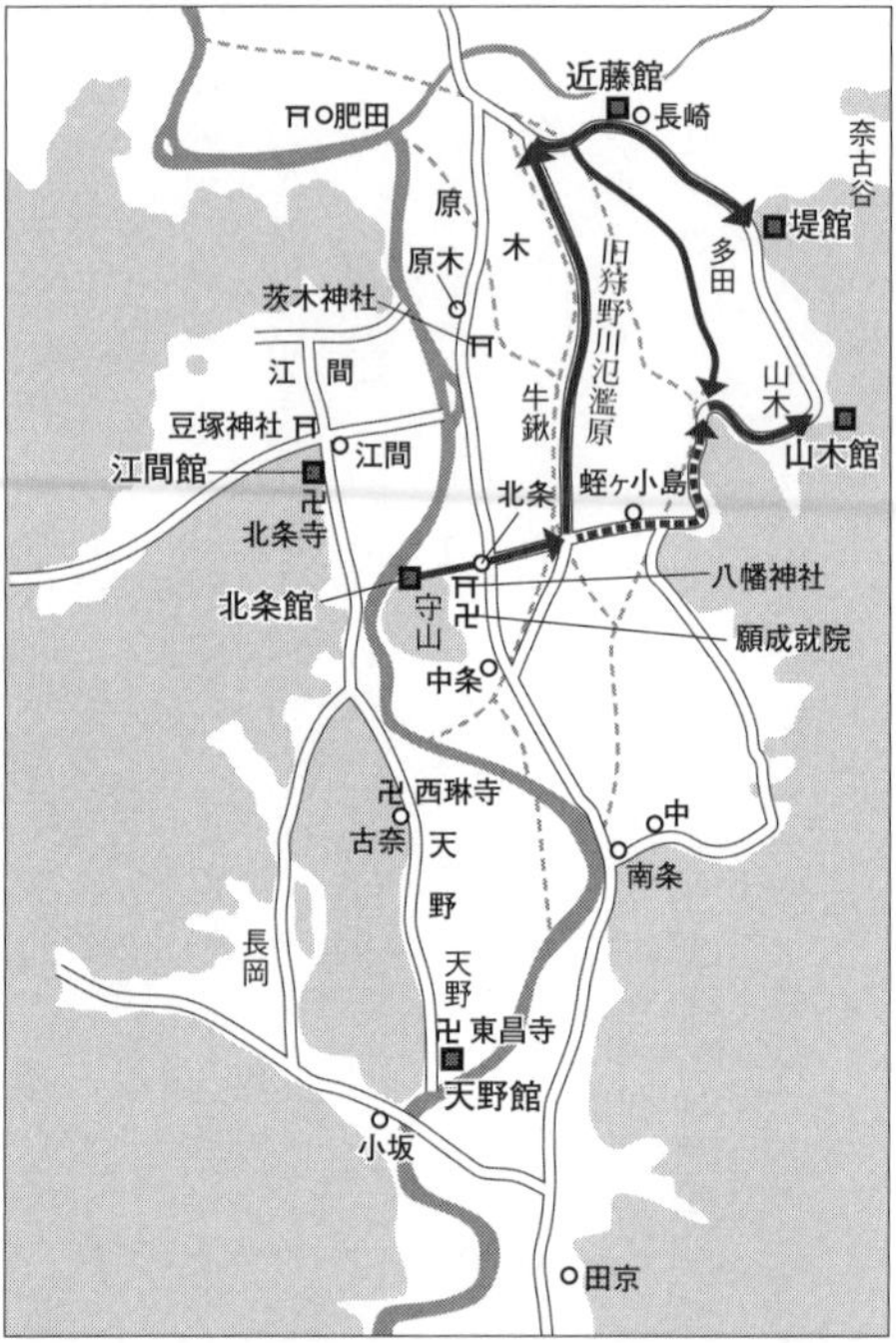

伊豆北条・山木付近要図（伊東市史編集委員会、伊東市教育委員会編『伊東市史　通史編　伊東の歴史Ⅰ』をもとに作成）

を討った佐々木兄弟が時政らに加勢しても、なかなか兼隆の首を取るには至らなかった。

北条の館で待つ頼朝は、煙が上がったかどうか確かめさせようと御厩《みうまや》の舎人を木に登らせていた。が、一向に煙はみえない。そこで、護衛のために残しておいた佐々木盛綱、加藤景廉《かげかど》、堀親家《ちかいえ》を援軍として送り出した。蛭嶋通りを走って山木に向かった三人は館に討ち入り、頼朝手ずから長刀《なぎなた》を渡した景廉が見事に兼隆の首を取った。火が放たれ、煙が立ちのぼった。これを望見した頼朝は、ようやく山木攻めの勝利を知ることができたのであった。北条の館に帰参した武士たちは庭に集まり、頼朝は兼隆主従の首を実検《じっけん》した。

「関東の事、施行の始」

八月十九日、頼朝は伊豆国蒲屋御厨《かばやのみくりや》にいる兼隆の親戚、史大夫《しのたいふ》中原知親《ともちか》の非法を禁ずる命令を下した。『吾妻鏡』同日条には、「早く史大夫知親の奉行《ぶぎょう》を停止《ちょうじ》すべき事」という下《くだし》文《ぶみ》が引用されている。そこには「東国」では「諸国一同の庄・公、皆御沙汰たるべきの旨、親王の宣旨の状に明鏡也」、すなわち東国諸国の荘園・公領は、皆、頼朝の支配下に置くようにと「親王の宣旨」に明示されているとの文言がある。以仁王は令旨の中で、自らを「最勝親王《さいしょうしんのう》」と称しており、「親王の宣旨」とは以仁王の令旨を指すと考えられる。した

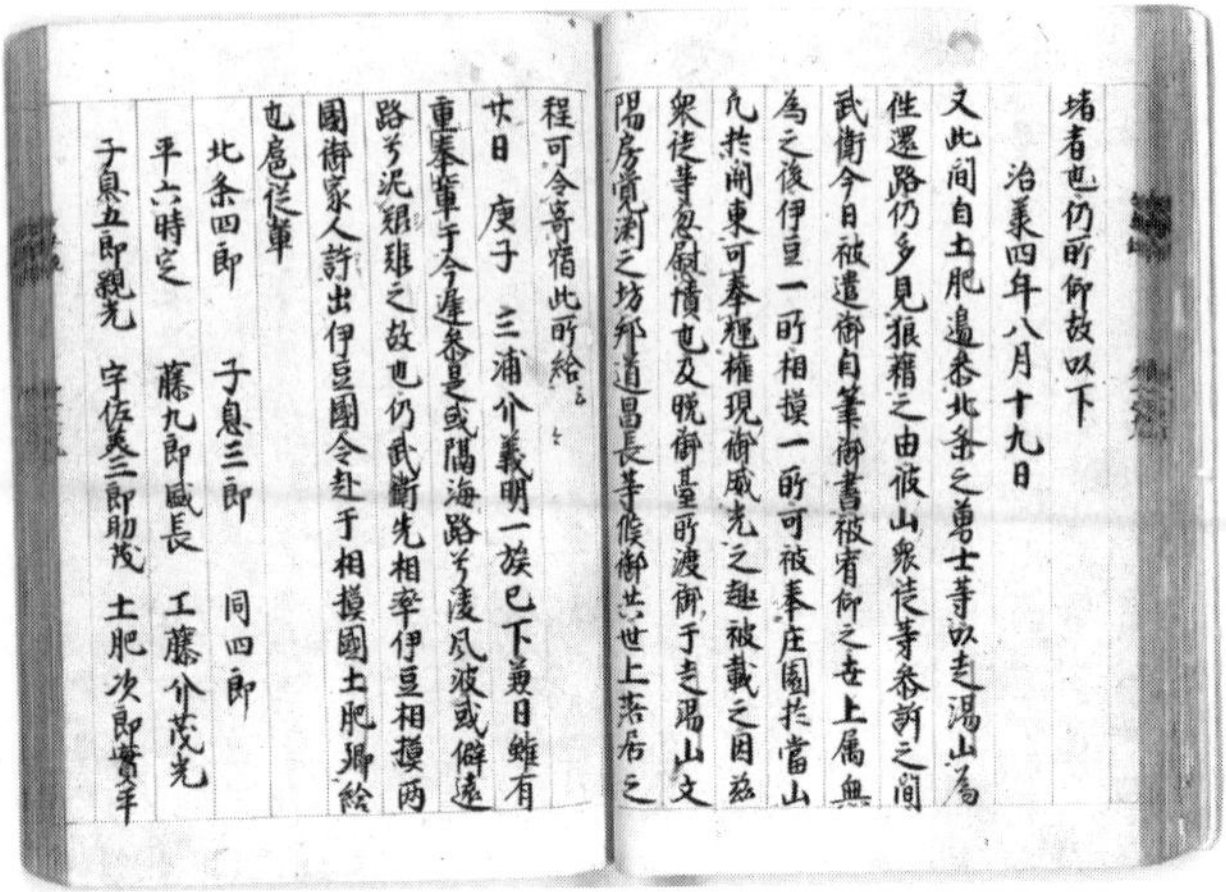
堵者也仍所仰故以下
治承四年八月十九日
又此間自土肥邊參北條之勇士等以走湯山爲
往還路仍多見狼藉之由彼山衆徒等參訴之間
武衛今日被遣御自筆御書被宥仰之其上屬無
爲之後伊豆一所相模一所可被奉庄園於當山
凡於關東可奉崇權現御威光之趣被載之因茲
衆徒等忽慰憤也及晩御臺所渡御于走湯山文
陽房覺淵之坊邦道昌長等候御共世上落居之
程可令寄宿此所給云々
廿日　庚子　三浦介義明一族已下兼日雖有
重奉筆于今遅參是或隔海路于凌風波或僻遠
路于泥艱難之故也仍武衛先相率伊豆相模兩
國御家人許出伊豆國令赴于相模國土肥郷給
也扈從輩
北條四郎　子息三郎　同四郎
平六時定　藤九郎盛長　工藤介茂光
子息五郎親光　宇佐美三郎助茂　土肥次郎實平

『吾妻鏡』治承四年八月十九日条・廿日条（国立公文書館蔵）

がって、頼朝は以仁王の命令を根拠に東国諸国の支配を宣言したということになる。『吾妻鏡』八月十九日条は「是、関東の事、施行《しぎょう》の始《はじめ》也」と記している。

また、同日条によれば、「走湯山」伊豆山権現の衆徒《しゅと》が、「土肥の辺りより北条に参るの勇士等、走湯山を以て往還の路となす。仍《よっ》て多く狼藉《ろうぜき》を見る」、すなわち相模国土肥郷付近から走湯山を通って北条に行く武士たちが狼藉をして困ると訴えてきたという。そこで頼朝は、世情が安定したのちには伊豆国で一ヵ所、相模国で一ヵ所の荘園を寄進し、「権現の御威光」を輝かせるようにするという自筆の御書を送った。これにより衆徒は憤《いきどお》りを抑え、晩には政子が伊豆山権現「文陽房覚淵《もんようぼうかくえん》」の坊に避難した。藤原邦通・佐伯昌長が付き従った。

これらの施策によって、頼朝は東国を支配下に置くことを目指すと高らかに宣言した。単に伊豆国の目代山木兼隆、その後見役堤権守信遠を討ち取ることだけが目的ではないと表明したのである。それは、『吾妻鏡』の記すごとく、頼朝による「施行の始」つまり「政治の始動」であった。

とはいえ、頼朝の戦力はこの「政治」を実現するにはあまりにも心許《こころもと》なかった。伊豆山の衆徒に対する施策はその弱点を補うものである。伊豆山を味方につけることによって、その宗教的権威を後ろ盾にすることが可能となる。状況によっては戦勝や怨敵降伏《おんてきごうぶく》の祈禱《きとう》も期待できよう。さらに、強大な僧兵については、戦力としては組み込めないまでも、敵に回す危険を避けることができるという戦略上の利点もある。このように頼朝は、目の前の勝利に安住するのではなく、今後をみすえた策を打っていたのである。

頼朝軍における北条氏

では、頼朝軍の中で北条氏はどのような位置づけだったのか。山木攻めを描く『吾妻鏡』は北条父子、佐々木兄弟、加藤景廉、堀親家の名を挙げる。「延慶本」は、北条四郎時政、子息三郎宗時、同小四郎義時、佐々木太郎定綱、同二郎経高、同三郎盛綱、同四郎高綱已下、彼是馬上歩人トモナク、三十余人、四十人計《ばかり》モヤ有ケム、屋《や》牧館《まきのたち》ヘゾ押寄ケル。

と記し、頼朝軍は北条父子、佐々木兄弟以下「三十余人、四十人計」であったとする。ここに「元ハ伊勢国《いせのくに》住人、加藤五景員《かとうごかげかず》ガ二男」の「加藤次景廉《かとうじかげかど》」が加わり、兼隆の首を取ったと叙述する。内容的に『吾妻鏡』とほぼ同じであり、山木攻めの頼朝軍は北条・佐々木・加藤・堀氏を中心とした三、四十人規模であったと考えられる。

隙をついての奇襲であるから、少人数の方が敵に悟られず、機動力があっていいともいえる。ただし、結局は兵を集めることができなかったというのが実情であろう。というのも、景廉は伊勢国、佐々木兄弟は近江国を本貫地《ほんがんち》とし、平治の乱で所領を没収されて東国に下ってきた武士だったからである。三、四十人という軍勢の規模は、多くの東国武士が頼朝の呼びかけに様子見を決め込んだことの表れに他ならない。

となると、頼朝の庇護者であり、舅という身内でもある時政、武士たちが結集する本陣を提供した北条氏は、頼朝軍のまさに中核という位置づけであったといえよう。佐々木兄弟が信遠の宅を攻める際、道案内を務めたのも時政の雑色源藤太であった。

一方、先に挙げた『吾妻鏡』八月十九日条は、「土肥の辺りより北条に参るの勇士」がいると記していた。十七日の山木攻めの成功を知り、土肥氏をはじめとした西相模の武士の一部が頼朝側に立つ意思を明確にし、行動を起こしたことがわかる。さらに翌二十日条は、もともと頼朝に同意していた相模東端の大武士団三浦氏が遅参しているため、頼朝自ら伊豆・相模の武士を率いて相模国土肥郷に向けて進発したと記す。

同日条は付き従った武士たち四十六人の交名《きょうみょう》（名簿のこと）を載せている。また、「延慶本」巻五（第二末）の「兵衛佐ニ勢ノ付事」にも「伊豆国ヨリ兵衛佐ニ相従輩」五十一人の名が列挙されている。両者の名前はほとんどが一致している。『吾妻鏡』に載っていて「延慶本」にみえないのは三人だけである。したがって、ここにみえる五十人弱の騎馬武者に、その従者たちを加えた人数が頼朝軍の総勢であったと考えられる。『吾妻鏡』八月二十三日条は頼朝軍を「三百騎」と記しているが、それよりも少なかった可能性が高い。

興味深いのは、軍勢の中核たる北条時政父子をはじめ、工藤介（狩野介）茂光父子、土肥実平父子らが、伊東での流人時代に頼朝が祐親のネットワークを通じて知り合った武士だったということである。三浦義澄も祐親の娘婿である。また、伊東荘の北隣の宇佐美荘を本拠とする宇佐美祐茂は工藤祐経の弟であり、祐親と根深い関係にある。手兵のいない頼朝は、流人時代の人間関係を十二分に活用した、いやそうせざるを得なかったのである。もちろん中核を担ったのは、この段階では子息宗時・義時を従える北条時政であった。

石橋山の大敗

こうした総勢三百騎、もしくはそれにも満たない頼朝軍にとって、相模東端の三浦氏との合流は急務であった。しかし、相模中央部には平家方の急先鋒《きゅうせんぽう》、大庭景親・俣野景久兄弟がいた。そのためまず土肥実平の本拠であり、同族の中村景平《かげひら》、土屋宗遠《むねとお》らの本拠にも近い土肥郷に入り、小勢でも大軍に対抗できる山と海に挟まれた地、石橋山《いしばしやま》に陣を取った。これに対し景親は、河村義秀《よしひで》、渋谷重国、糟屋盛久《かすやもりひさ》、海老名季貞《すえさだ》、曾我祐信、山内《やまのうち》首《す》藤経《どうつね》俊《とし》、長尾為宗《ためむね》・定景《さだかげ》兄弟ら、平家の被官《ひかん》三千余騎を率いて谷一つ隔てた地に陣を敷いた。また、伊豆から頼朝を追ってきた伊東祐親率いる三百余騎が、頼朝軍の裏側の山に陣取った。

一方、景親軍の背後の丸子《まりこ》川（現、酒匂《さかわ》川）まで軍を進めてきた三浦氏は、夕暮になって

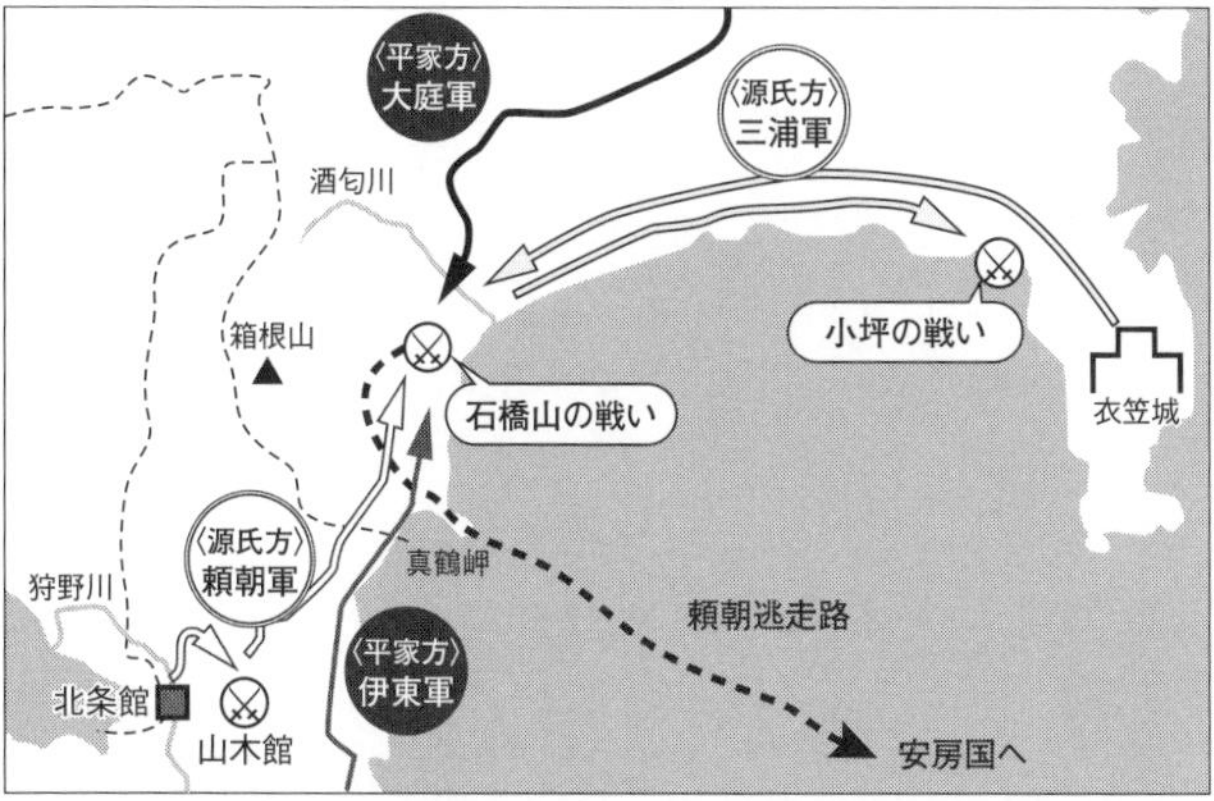

1180年の石橋山の戦い（伊東市史編集委員会、伊東市教育委員会編『伊東市史　通史編　伊東の歴史Ⅰ』をもとに作成）

石橋山古戦場

も雨による増水のため渡河できずにいた。そこで、郎従に大庭方の家屋を焼き払わせた。その煙を仰ぎみた景親は、三浦が渡河できないうちに頼朝への攻撃を開始するよう全軍に指示した。

ここで「延慶本」は、まず景親が言葉《ことば》（詞）戦《だたか》いを仕掛けたことを叙述する。言葉戦いとは軍記物語にしばしばみられるもので、戦場において互いに言葉で相手をやりこめる、いわば悪口合戦である。自分の由緒正しさを誇って攻撃の正当性を主張し、相手の弱体ぶりを愚弄《ぐろう》・嘲笑《ちょうしょう》することが多い。

景親は馬の鐙《あぶみ》を踏ん張って立ち上がり、「平家ノ御代《みよ》ヲ傾《かたぶ》ケ奉リ、ヲカシ奉ラムト結構スルハ、誰人《たれびと》ゾヤ」と大声をあげた。これを受けて頼朝軍から歩み出たのが北条時政である。時政は自分たちが担ぐのは「清和《せいわ》天皇」の孫「六孫王経基《ろくそんのうつねもと》」の後胤《こういん》、「八幡太郎殿（義家）」の玄孫《げんそん》たる「兵衛佐殿」頼朝であり、「太上天皇《だいじょうてんのう》ノ院宣《いんぜん》」を賜《たまわ》って挙兵したと誇ってみせる。「延慶本」は怪僧文覚が「太上天皇（上皇）」すなわち後白河院から賜って頼朝に進上したという院宣を重視するのである。景親もまた、自分は十一世紀後半の後三年《ごさんねん》合戦で「名ヲ後代《こうだい》ニ留《とどめ》タリシ、鎌倉権五郎景正《かまくらのごんごろうかげまさ》ガ末葉《ばつよう》」であることを誇った。時政は、景正（景政）の末葉という点をとらえ、それならば「三代相伝ノ君」頼朝に向かって弓を引くとは何事かとなじる。ところが、景親は「昔ハ主《しゅう》、今ハ敵《かたき》。弓矢ヲ取《とる》モ不取《とらぬ》モ、恩コソ主《あるじ》ヨ」とうそぶき、今、平家から受けている御恩こそが大事なのだと主張した。恩を施してくれる者こそ主君なのだという言葉は、当時の武士たちの一般的な考え方であった。

日も暮れ、雨の降りしきる暗闇の中、激闘が始まった。頼朝から先陣の名誉を与えられた岡崎義実《おかざきよしざね》の嫡子佐奈田与一《さなだのよいち》（佐那田余一）義忠《よしただ》が、景親の弟の豪傑俣野景久と組み合って討死《うちじに》し、義忠の郎従文三家安《ぶんぞういえやす》（豊三家康）も奮闘の末に討死した。頼朝軍は狭隘《きょうあい》な地形と夜の暗さを利用して奮戦したが、多勢に無勢、結局、背後の杉山に逃げ込んだ。ただ、工藤茂光は「延慶本」によれば「太リ大《おおき》ナル男」だったため山に登ることができず自害した。また、時政の子息三郎宗時は、山を下りて平井《ひらいの》郷を抜けようとしたが、早河の辺りで伊東祐親の軍勢に囲まれて射殺《いころ》された。石橋山合戦は頼朝軍の大敗であった。

大庭軍の山狩りが始まった。複数人で頼朝を囲んでいてはすぐに発見される。年長者で土地勘のある土肥実平が、散り散りになって再起を期そうと提案し、実平だけが頼朝の傍らに残った。と、一人の武士が洞窟に潜んでいた頼朝と実平に気がついた。絶体絶命である。ところが、その武士はみてみぬ振りをして去っていった。『吾妻鏡』八月二十四日条によれば、梶原景時《かじわらかげとき》であったという。史実か否か確かめる術《すべ》はもはやない。しかし、これぐらいのことでもなければ、頼朝が生き延びるのは無理だったであろう。それほどの危機であった。

安房への渡海

ただ、土肥郷近くの石橋山を合戦の場に選んだことが頼朝に幸いした。土肥の領主であり、人望もある実平が頼朝を守り、導いたからである。四日ほど山中に潜んでいた頼朝・実平は大庭方の隙をみて山を下り、『吾妻鏡』八月二十八日条によれば、「土肥の真名鶴《まなづる》（真鶴）崎」から小船に乗り、「安房国《あわのくに》」へ渡海することに成功したのである。小船は実平が「土肥の住人貞恒《さだつね》」という者に命じて用意させたものであった。当時、海岸線に所領を持つ武士団は交易船や水軍を有していた。実平もそうした船を用いたのである。

もっとも、『吾妻鏡』の叙述には不自然な点もある。八月二十四日条では、箱根権現の別当行実《ぎょうじつ》が頼朝の身を案じて弟の永実《えいじつ》を杉山に派遣し、山中で運よく時政に遭遇、時政の案内で頼朝に会うと頼朝らを箱根権現に連れて行ったとするのである。しかも、翌二十五日条では、行実のもう一人の弟良暹《りょうせん》が悪僧を集めて頼朝を襲おうとしたため、頼朝は実平・永実とともに「筥根（箱根）通」を経て、再び「土肥郷」に赴いたと叙述する。永実が山中で時政に遭遇した点も、箱根峠を越えて芦《あし》ノ湖畔《こはん》の箱根権現に入ったにもかかわらず、たった一日の逗留《とうりゅう》で再び峠を越えて山を下り、海沿いの土肥郷に赴いたとする点も不自然である。

鵐の窟

石橋山古戦場から箱根方面に向かうには急斜面を登らなくてはならない。その斜面には頼朝・実平が隠れたという「鵐《しとど》の窟《いわや》」と呼ばれる史跡がある。景親が中をのぞくと、鵐という鳥が飛び出したので誰もいないと思って立ち去った、という伝承から名づけられた岩窟である。あたりには背の高い木々が鬱蒼《うっそう》と生い茂

箱根権現（箱根神社）

り、晴れた日の昼間でも薄暗い。こうした場所に潜んでいれば、そう簡単にみつかるとは思われない。また、急斜面を登って箱根峠を越え、芦ノ湖方面に下って箱根権現、現在の箱根神社に至るのは容易なことではない。ましてやすぐ引き返して再び峠を越え、土肥郷に下りたとするのは現実的ではない。『吾妻鏡』は、実際にはなかった行実・永実兄弟や時政の貢献をあえて書き込み、箱根権現と北条氏を顕彰しようとしたのであろう。不自然さはそこから生まれたのだと考える。

ともあれ、石橋山合戦で大敗した頼朝は真鶴崎から安房に渡海することによっ

頼朝の進軍ルート（『新編日本古典文学全集　曾我物語』〔小学館〕をもとに作成）

て、恐らくは死をも覚悟したと思われる最大の窮地を脱することができた。その後の頼朝の反転攻勢と北条氏の動向については、節を改めてみることにしよう。

第二節　「鎌倉殿」頼朝と北条氏

奇跡的再起

安房渡海後の頼朝の再起には目をみはるものがある。まず、石橋山合戦に間に合わなかった三浦氏との合流を果たした。三浦氏は頼朝の敗戦を知って本拠の三浦に戻る途中、南下してきた畠山重忠ら武蔵の軍勢と小坪《こつぼ》で交戦し、いったんは退けた。ただ、態勢を立て直した畠山勢の攻撃で惣領《そうりょう》の三浦義明《よしあき》を討たれ、本城の衣笠城《きぬがさじょう》を追われた。水軍を持ち、房総にも勢力を伸ばしていた三浦氏は、その後、船で安房に逃れ、頼朝と合流したのである。

また、かねて協力を約束していた千葉常胤《ちばつねたね》率いる千葉氏も参向した。さらに、東国随一の勢力を誇る上総広常《かずさひろつね》が、『吾妻鏡』治承四年（一一八〇）九月十九日条によれば「二万騎」を率いて参上した。同日条は、広常が頼朝の「形勢」に「高峻《こうしゅん》の相《そう》」つまり高く険しい勢いの相がみられなければ、その場で討ち取って平家に献じようと密かに考えていたとする。しかし、頼朝が広常の遅参を厳しく咎《とが》めたので、主君とするに足ると思い、帰服したという。

広常が独立心の強い武士であったことは間違いない。ただ、この記事は、寿永二年（一一八三）に広常が頼朝から謀叛を疑われ誅殺されたことを前提として、『吾妻鏡』編纂者が脚色を加えた可能性がある。とはいえ、頼朝が石橋山の危機を乗り越えたことで、そうした独立心の強い広常を帰服させるほどのカリスマ性を発揮し始めたのは確かであろう。

軍勢「二万騎」は誇張であろうが、広常の参向は頼朝の再起を決定づけた。十月二日、頼朝は常胤・広常らの船に同乗して大井川・隅田川を渡り、武蔵国に入った。足立遠元《あだちとおもと》、豊島清元《としまきよもと》、葛西清重《かさいきよしげ》、河越重頼《かわごえしげより》、江戸重長《しげなが》らの武蔵の武士をも糾合した頼朝は、三浦一族を説得して畠山重忠の参向も許した。そして、十月六日、相模国に着くと、重忠を先陣として源家ゆかりの地たる鎌倉に入った。石橋山の大敗から約一ヵ月半での奇跡的再起であった。

北条時政・義時の動き

この間、北条父子はどのような動きをしていたのであろうか。前節で述べたように、宗時は伊東祐親軍に囲まれて討ち取られた。これは『吾妻鏡』も「延慶本」も同じである。

これに対し、時政と義時の動きについては諸史料の間に違いがみられる。「延慶本」は石橋山合戦で頼朝が杉山に逃げ込んだ際、「北条四郎時政、同子息義時、父子二人ハソレヨリ山伝《やまづたひ》ニ甲斐国《かいのくに》ヘゾ趣ケル」、つまり時政・義時が石橋山から山伝いに甲斐国へ赴いたと叙述し、「一条、武田、小笠原、安田、板垣、曾根禅師、那古蔵人《なごのくろうど》」らに戦況を知らせたとする。

『吾妻鏡』八月二十五日条は戦況を甲斐源氏に伝えるため石橋山から甲斐国に向かったものの、

> 武衛到着の所を見定めずんば、源氏等を催し具さんと欲すと雖も、彼以て許容せざるか。然れば猶《なお》御後を追って参上せしめ、御居所より更に御使として顔向すべきの由、心中に思案せしめ立ち還り、また土肥の方を尋ね給ふ。

すなわち「武衛《ぶえい》（兵衛佐）」頼朝の到着する場所を見定めなければ、甲斐の源氏を集めようとしても彼らは来ないだろう。それならば頼朝の後を追い、その御居所から使者として向かうのが良いと考え、途中で引き返して土肥の方へ頼朝を尋ねて行ったとする。しかし、

八月二十七日条は、三浦義澄らが船で安房国に向かったことを記したのち、

> 北条殿・同四郎主《ぬし》、岡崎四郎義実、近藤七国平《こんどうしちくにひら》等、土肥郷の岩浦より、船に乗らしめ、また房州を指し、纜《ともづな》を解く。

つまり頼朝をみつけることができなかった時政・義時は、岡崎義実・近藤国平らと土肥郷の岩浦から船に乗って安房を目指したとする。そして、海上で三浦の船に遭遇すると、互いに鬱念《うつねん》を語り合ったというのである。

以上の「延慶本」『吾妻鏡』にはそれぞれ不自然な点がある。石橋山から甲斐国に向かったとする「延慶本」の叙述は、散り散りになって再起を期すという点では理解できる。ただ、戦況を知らせるといっても、それは単に頼朝の大敗ぶりを一条・武田・小笠原・安田ら甲斐源氏に認識させるだけで、頼朝の存否すらわからない以上、甲斐源氏の来援など期待できない。時政らが自分たちだけ助かればいいと考えたとすれば別であるが。

そうした意味では、岩浦から船に乗って逃げたという『吾妻鏡』八月二十七日条は説得力がある。追いつめられた状況がひしひしと伝わってくる。しかし、先にみた、頼朝の居

場所を見定めてから、使者として甲斐に向かおうと時政が考えたとする八月二十五日条は疑問である。勝手に船で逃げたことと整合性がとれない。この点については、時政・頼朝の安房渡海後の記事が参考になる。九月八日条に「北条殿、使節として甲斐国に進発し給ふ」という記述がみえるのである。とすれば、八月二十五日条の記述はこれを前提として作られ、挿入されたものとみるべきであろう。「延慶本」も『吾妻鏡』も、記述内容をそのまますべて信用するわけにはいかないのである。

時政の甲斐派遣

とはいえ、今後の展開からみて、時政が甲斐国に赴き、一時的に甲斐源氏と行動をともにしたことは事実だったと思われる。『吾妻鏡』九月八日条が記すように、頼朝の命で使者として派遣されたとするのが妥当であろう。

九月八日条は頼朝が時政に対し、甲斐源氏とともに信濃国の敵対勢力を誅戮《ちゅうりく》するよう厳命したと記している。頼朝が上位者として、時政を通じて甲斐源氏に命令を下したかのような書きぶりである。しかし、時政が甲斐に到着する前の九月十日条によれば、甲斐源氏の武田信義《のぶよし》、一条忠頼《ただより》らは独自の判断で信濃国《しなののくに》に発向している。頼朝が時政に命じた内容もこれを前提として作られたものと考えられる。甲斐源氏は頼朝の配下に属する存在ではなかった。

では、時政に与えられた使命とは何だったのか。時政が甲斐に派遣された九月八日は、頼朝が安房国猟島《りょうがしま》に上陸してから十日も経っていない時である。情勢はいまだ流動的であり、頼朝の再起が保証されたわけでもない。使者の時政には、甲斐源氏の来援、少なくとも軍事的な援助を請うといった切迫した使命が与えられたと考えられよう。

ところが、『吾妻鏡』は九月二十日条で、頼朝が再び使者を甲斐国に派遣したと記す。使者土屋宗遠への指示は、頼朝が安房・上総・下総の軍兵を従えたことを伝え、上野・下野・武蔵の精兵を率いて駿河国で平氏軍を迎え撃つので、甲斐源氏は時政を先達として黄瀬川辺に来るように、と相触れることであった。ここにも、頼朝を甲斐源氏の上位に置こうとする『吾妻鏡』の作為が感じられる。ただ、頼朝が甲斐源氏と軍事的連携を図ろうとしたことは読み取ることができよう。前日の九月十九日には上総広常が参向し、挙兵の成功が決定的となっていた。頼朝は甲斐源氏の来援を期待するのではなく、軍事的に連携する方向へと一歩踏み出したのである。

鉢田合戦

『吾妻鏡』九月十五日条によれば、信濃から甲斐に戻って逸見《へみ》山に宿営していた武田信義・一条忠頼らのもとに、この日、時政が到着し、頼朝の言葉を伝えたという。続いて九月二十四日、石和御厨《いさわのみくりや》に移動していた甲斐源氏と時政のもとに宗遠が到着し、再び頼朝の指示を伝えた。さらに『吾妻鏡』によれば、十月十三日、甲斐源氏と「北条殿父子（時政・義時）」は駿河国に赴き「大石駅《おおいしのえき》」に止宿した。「戌《いぬ》の剋（午後十時頃）」、駿河の目代橘遠《たちばなのとお》茂《もち》が長田《おさだ》入道の計略によって襲来するとの知らせを受けた。そこで、武田信義・一条忠頼・安田義定《やすだよしさだ》・伊沢信光《いさわのぶみつ》らは「富士北麓の若彦路《わかひこみち》」を越え、途中で石橋山の敗戦後、甲斐方面に逃げて富士山麓に潜んでいた加藤光員《みつかず》・景廉《かげかど》兄弟を加えた上、駿河国に向けて進軍した。

翌十四日、「神野《かみの》ならびに春田路《はるたみち》」を経て「鉢田《はちだ》（本栖《もとす》湖の南、山梨・静岡の県境にある端田《はしだ》峠《とうげ》）」辺まで南下して来たところ、甲斐に向かおうと北上していた駿河目代の軍勢と遭遇する。甲斐源氏は山あいの狭い地形を巧みに利用して圧倒的勝利をおさめ、長田入道子息二人を討ち取り、生け捕った目代遠茂の首も鉢田の南、富士野の「伊《い》堤《で》（現、静岡県富士宮市上《かみ》井《い》出《で》）」の辺に晒《さら》した。のちに合戦の情報を伝え聞いた九条兼実《くじょうかねざね》は日記『玉葉《ぎょくよう》』治承四年（一一八〇）十一月五日条に、「彼の国の目代及び有勢武勇の輩、三千余騎、甲斐武田の城に寄するの間、皆悉く伐り取られ了《おはんぬ》、目代以下八十余人、頸を切り、路頭に懸く」と記している。これが鉢田合戦である。甲斐源氏の圧勝によって、駿河国の平家方は壊滅状態となり、続く富士川合戦の勝敗に決定的影響を与えることになる。

富士川合戦

平維盛《これもり》率いる追討使は、先に挙げた『玉葉』十一月五日条によれば、十月十六日に「駿河国高橋宿《しゅく》（現、静岡県静岡市清水区高橋付近）」に着いたという。『吾妻鏡』は頼朝もまた十月十六日、追討使の平氏軍を迎え撃つため鎌倉を進発し、十八日夜、駿河国「黄瀬河《きせがわ》」の宿《しゅく》（現、静岡県沼津市大岡《おおおか》付近）に到着、そこへ「兼日の芳約」あらかじめの約束により甲斐源氏・信濃源氏・時政らがやって来て頼朝に面会したとする。『吾妻鏡』の記述は頼朝の提言で甲斐源氏が黄瀬川に来たとも読める。これならば頼朝の主導によって軍事的連携が成立したことになり、甲斐に派遣された時政や宗遠も使者としての務めを立派に果たしたことになろう。ただ、事態は『吾妻鏡』が記すほど単純なものではなかったと考える。伝聞とはいえ生々しい現場の情報を記した貴族の日記に異なる記述がみえるからである。

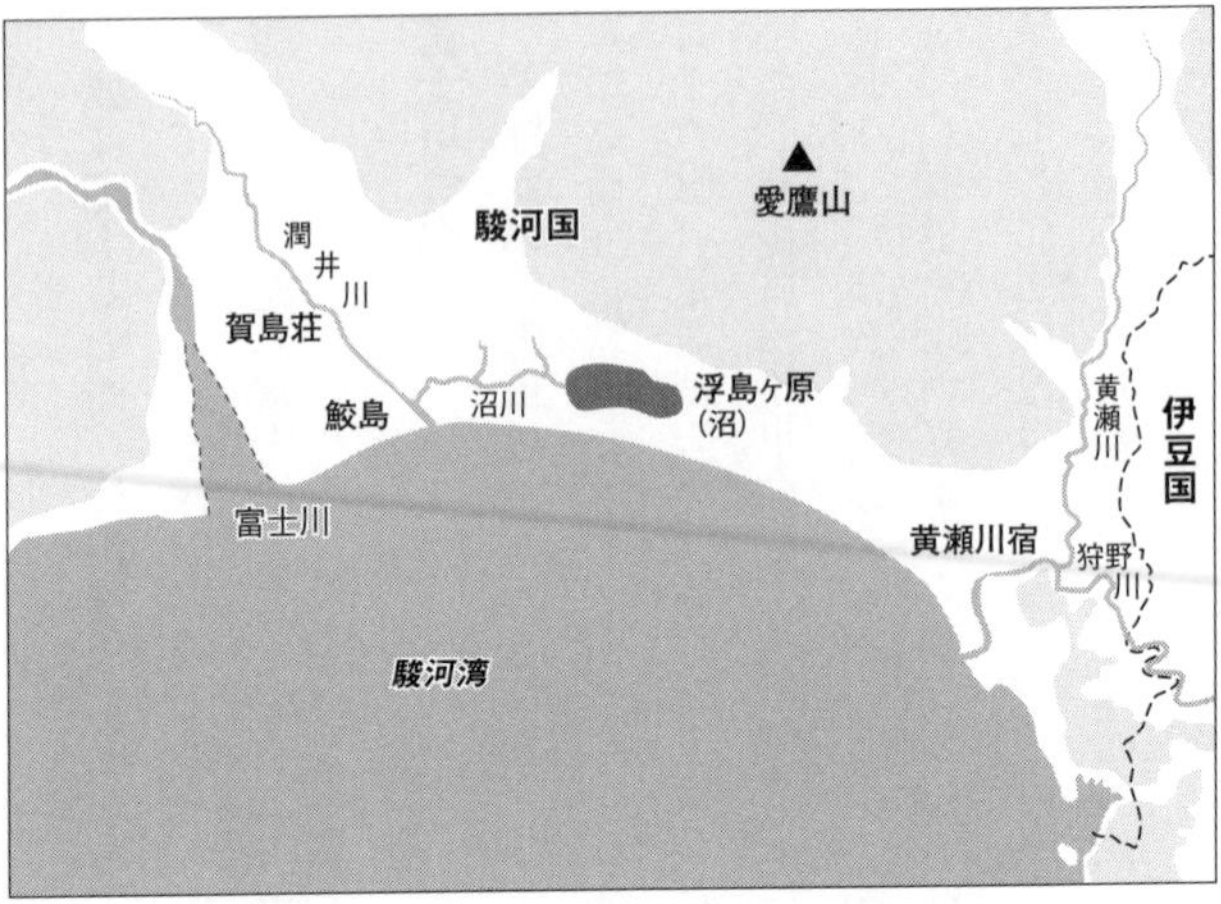

富士川の合戦関係要図（伊東市史編集委員会、伊東市教育委員会編『伊東市史　通史編　伊東の歴史Ⅰ』をもとに作成）

『玉葉』十一月五日条によれば、十月十七日朝の段階で、すでに武田方は維盛に書状を送っていたという。その状には「浮嶋原甲斐と駿河との間の広野と云々に於て、相互ひに行き向ひ、見参を遂げんと欲す」とあった。都人にも歌枕《うたまくら》として知られる浮嶋原《うきしまがはら》（現、静岡県沼津市原《はら》付近）で合戦しようではないかと挑発したのである。駿河目代を討滅して勢いに乗る甲斐源氏にとって、頼朝との軍事的連携はさして重要ではなかったといえよう。激怒した平家の侍大将伊藤忠清《ただきよ》は使者二人を切り捨てた。使者の殺害は禁じ手である。追討軍に動揺が広がった。

一方、『吾妻鏡』によれば、二十日、

頼朝は駿河国賀島《かじま》（現、静岡県富士市加島町付近、富士川・潤井《うるい》川の間）に移動し、富士川西岸の追討軍と対峙したという。ところが、武田信義が計略をめぐらし、追討軍の背後を襲おうとしたため富士沼の水鳥がいっせいに飛び立った。追討軍はその音を敵の奇襲と勘違いして総崩れとなり、忠清の進言で夜が明けるのを待たずに撤退した。『平家物語』にもみえる有名な話である。

ただし、『玉葉』の記述は全く異なる。追討軍は十八日に富士川西岸まで進み、「仮屋を構へ」「明暁十九日、攻め寄すべきの支度」をしたという。軍勢の数は「四千余騎」、都を出てから宣旨によって各地で兵を募る予定であったが、宣旨の効果がなく徴兵に失敗していた。さらに、頼みの橘遠茂ら駿河の平家方も鉢田合戦で壊滅した。武田の使者を切ったことで、無用な怒りも買ってしまった。追討軍の陣中で急速に不安が広がった。そして、

官兵の方数百騎、忽ち以て降り落ち、敵軍の城に向ひ了《おはんぬ》。拘留するに力なし。残る所の勢、僅かに一、二千騎に及ばず。武田方は四万余と云々。

「数百騎」が脱落して敵軍に走り、あっという間に「一、二千騎」にも及ばない数にな

った。対する「武田方は四万余」、数に誇張はあろうが、はるかに多勢《たぜい》である。そこで、忠清が総大将の維盛を説得し、兵の多くも同意したため撤退することになったというのである。

数百騎が脱落する前に、水鳥の羽音のような異変があった可能性はある。しかし、鉢田合戦で駿河目代を壊滅させた武田ら甲斐源氏を前にして、兵力差に怖気《おじけ》づいた追討軍の数百騎が脱走したため、やむを得ず撤退したというのが富士川合戦であったと考える。

甲斐源氏と頼朝・時政

ここで注意すべきは、追討軍の撤退に頼朝軍が何ら影響を与えていないという点である。『吾妻鏡』は二十日に頼朝が富士川近くの賀島に陣を敷き、その夜に追討軍が撤退したとする。しかし、『玉葉』は追討軍が攻撃を「明暁十九日」と定めたところ、数百騎が脱落したと記している。とすれば、撤退は十八日の深夜から十九日の未明にかけてと考えられよう。

また、『吾妻鏡』は頼朝軍が正面から、武田軍が背後から攻めたように記しているが、『玉葉』が十八日に追討軍と対峙したと記すのは武田軍四万余であった。とすれば、その十八日の夜、甲斐源氏が黄瀬川宿で頼朝に参会したとする『吾妻鏡』の記述は疑わしいといわざるを得ない。恐らく書状で指定した黄瀬川に近い浮嶋原に追討軍が来ないことを察知した甲斐源氏は、直接、富士川に向かったのであろう。『吾妻鏡』は、頼朝を甲斐源氏の上位に位置づけるため、日付や内容に潤色を加えたのだと考えられる。

以上のことから、富士川合戦の勝利は甲斐源氏の単独軍事行動によるものだった、という先の結論は動かない。『玉葉』九月十一日条に引用された九月五日付の宣旨では「伊豆国の流人源頼朝」だけが追討対象とされていたが、富士川合戦後の吉田経房の日記『吉《きっ》記《き》』十一月八日条に引用された十一月七日付の宣旨では、「甲斐国の住人源信義」も追討対象になっている。富士川合戦の勝利が甲斐源氏の軍事行動だったことを示す証左といえよう。

この結果、甲斐に派遣された時政や宗遠の立場も微妙なものとなった。追討軍を撤退させたという点では、半ば使命を果したといえなくもない。しかし、十八日夜、黄瀬川宿に着いた頼朝は、翌日の昼には甲斐源氏が追討軍を撤退させたことを知り、地団太を踏んだに違いない。軍事的連携が成ったとはいえず、時政・宗遠の働きは期待外れであった。

なお、『吾妻鏡』十月十三日条には「北条殿父子」という表現があり、義時が時政に同行したかのようになっている。ただし、それはこの一箇所だけであり、他はすべて「北条殿」である。若い義時は安房に残り、甲斐に赴いたのは時政のみだったと考えておきたい。

「鎌倉殿」の誕生

富士川合戦で頼朝を怒らせ、また焦らせたのは甲斐源氏に功を独占されたことである。上総広常を味方に引き入れ、三浦氏・千葉氏・武蔵の武士団をも糾合し、自信をつけていた頼朝は、追討軍を追ってただちに上洛するよう命令を下した。

ところが、千葉常胤、三浦義澄、上総広常が反対した。常陸《ひたち》の佐竹《さたけ》氏をはじめ、まだ帰服していない勢力がいる。今はまず足元を固めるべきだというのである。千葉・上総にとって佐竹は年来の競合相手である。彼らが頼朝の挙兵に協力したのは、競合相手を退けるという「在地の論理」に従ったからであり、ここで本拠を離れて上洛しては元も子もない。一方、頼朝も彼らにそっぽを向かれては何もできない。「貴種」である頼朝は「在地の論理」で動く武士たちを軍事力として利用し、武士たちは頼朝を擁立して結集することで所領を維持・拡大する。両者はこういう相互依存の関係にあった。

常胤・義澄・広常の諫言《かんげん》によって頼朝は我に返ったのであろう。上洛を断念し、鎌倉に帰還することにした。これまでの頼朝にとって、鎌倉は一時的な軍事拠点に過ぎなかった。しかし、武士たちの意見を容《い》れ、鎌倉を本格的な政治・軍事の拠点、いわば「武家の都」とする決断を下したのである。その途中、相模国府で大規模な論功行賞《ろんこうこうしょう》を行った。国府という公的・政治的な場を選んだことに意味がある。これにより、頼朝に従って戦った武士たちは公式に本領を安堵《あんど》(権利の公認)された。

大倉幕府(大倉御所)跡

また、黄瀬川を出る前、奥州藤原氏の三代目当主秀衡《ひでひら》のもとにいた実弟の義経が現れ、兄弟が再会した。平治の乱で生き別れとなった時、義経、幼名牛若《うしわか》は嬰児であり、初対面に近かった。しかし、秀衡の軍事的な後援を期待して頼朝は義経を快く受け入れた。

鎌倉に戻った頼朝は常陸国に向い、

十一月六日には佐竹討伐を果たした。その後、一連の戦闘に対する論功行賞や、投降して囚人となっていた武士たちの赦免を行った。そして、鎌倉入り直後、大倉郷《おおくら》に造営を開始した御所が完成すると、十二月十二日、仮の住居から御所の寝殿に入る移徙《いし》の儀を行った。続いて、御所の西に造営した十八間《けん》という広さを持つ侍所《さむらいどころ》に移動し、十一月十七日に侍別当（のちの侍所別当）に任じられた三浦氏の和田義盛《わだよしもり》が、頼朝の御前で三百十一名の武士たちの名前を記帳する着到《ちゃくとう》の儀を行った。かくして頼朝は「武家の都」鎌倉の主《あるじ》「鎌倉殿」となり、武士たちは「鎌倉殿」を主君とする従者「御家人」となった。

第三節　頼朝政権下の北条氏

北条時政の地位の変化

まず、治承四年（一一八〇）八月から翌五年（七月に養和と改元）にかけての北条氏についてまとめておきたい。山木攻めにおける北条氏は、時政を中心に頼朝軍の中核であった。土肥氏・狩野氏・宇佐美氏などが加わった石橋山合戦でも、大庭景親の言葉戦いに応戦したのは時政であった。しかし、安房渡海後、かねて合流を約束していた三浦氏・千葉氏、大軍を率いた上総広常、さらには畠山氏・河越氏・葛西氏などの武蔵の武士団が参向したことで、頼朝軍の編成は大きく変わった。鎌倉入りの際に先陣を務めたのは畠山重忠であり、頼朝のすぐ後ろには千葉常胤が付き従った。北条氏の軍事的地位は明らかに低下した。

　実際、三郎宗時は名誉の討死を遂げたが、時政・義時父子に目立った武功はない。軍事的連携を図るための甲斐派遣でも、時政は頼朝の期待に沿うことができなかった。その結果、時政の軍事面における貢献度は低いという評価を受けるようになったと思われる。

　とはいえ、時政を切り捨てることは、無論、頼朝にはできない。そこで、頼朝は時政の文事面での働きに期待をかけるようになったのではないか。移徙の儀・着到の儀の翌々日、十二月十四日の『吾妻鏡』には、時政と実平が「奉行」を務めたという記事がみえる。在庁官人としての経験を持つ時政には文事面の方が向いていたと考える。

　ただ、時政が頼朝のもとで奉行を務めた例もさほど多くはない。頼朝の死後、政所の筆頭の別当、つまり執権別当いわゆる執権となり、文書行政に深く関わった時政が、である。時政には伊東でトラブルを起こした流人の頼朝を受け入れ、娘婿として保護し、追いつめられた末に挙兵した山木攻めを勝利に導いた、いわば親世代としての自負があったと想像する。頼朝もまた、苦しかった流人時代の恩義を感じていたはずである。他の御家人とは一線を画す身内、とくに御台所となった政子の父という遠慮もあったと推察する。しかし、頼朝は「鎌倉殿」として「御家人」時政を従わせ、使わなくてはならない。北条氏の軍事的地位が低下したことにより、頼朝・時政両者の関係は微妙なものにならざるを得なくなったと考える。

江間義時という御家人の誕生

かくして頼朝の期待は時政の子義時に移っていった。『吾妻鏡』治承四年（一一八〇）十月二十三日条にみえる相模国府の論功行賞で本領を安堵されたのは、北条氏では「北条殿」時政一人であった。また、十二月十二日の着到の儀の交名には「北条殿、同四郎主」とある。「同四郎主」とは四郎義時のことで時政の子としての扱いである。ところが、翌治承五年（七月に養和と改元）四月七日条では次のような記述がみえる。

> 御家人等中、殊に弓箭に達するの者、また御隔心無きの輩を撰び、毎夜御寝所の近辺に候《こう》ずべきの由、定めらると云々。

頼朝は御家人の中でとくに弓矢の芸に優れて警護の任に適し、かつ心の許せる信頼に足る者を選んで、毎夜、寝所近くに祗候させることを決めたが、この後に掲載された寝所祗候《しんじょしこう》衆《しゅう》十一名の中に三浦義澄の弟義連《よしつら》、梶原景時の嫡男景季《かげすえ》、千葉常胤の嫡男胤正《たねまさ》らと並んで「江間四郎《えまのしろう》」の名がみえる。義時である。

「江間」は頼朝の最初の妻八重が伊東祐親によって再嫁させられた相手江間次郎の所領、狩野川を挟んで北条に隣接する地である。「真名本」巻三には「佐殿の伊藤の北の方取り奉りたりし江馬次郎も討たれにけり」とあり、頼朝が挙兵すると江間次郎は祐親に味方して討たれた。頼朝は無主の地となった敵方所領江間を接収し、治承四年十二月十二日以降、同五年四月七日以前に、新恩として義時に与えたと考えられる。

なお、新恩地の選定にあたり、父の時政がいくつかの候補の中から江間を選んで頼朝に申請した可能性は高い。北条に隣接する江間を獲得できれば、一族全体の所領の拡大になるからである。恩賞を受ける側が欲しい土地を申請し、認められることはしばしばあった。

ただし、新恩を与えるのはあくまでも「鎌倉殿」頼朝である。頼朝から江間を与えられた義時は江間小四郎義時《えまのこしろうよしとき》と名乗ることになった。これは義時が、時政の子という立場から、独立した領主として「鎌倉殿」に仕える一人前の「御家人」になったことを意味する。

また、流人だった頼朝には信頼できる手兵つまり直属軍がいない。先に挙げた寝所祗候衆は、直属軍とまでいかないにしても、日常的に身辺を警護する武力を確保する目的で創設したものであろう。そのメンバーに義時も選ばれた。頼朝は流人時代最後の五年間を北条で過ごした。義時の人柄を知り、才能の片鱗に気づくには十分な時間である。親しい身内のいない流人の頼朝は、政子も心を許す義時を信頼するに至ったのであろう。さらに、戦場での命のやり取りを経験して、義時が急速に成長するのを認めたのかもしれない。以後、頼朝はますます義時を信頼し、義時は忠実なる御家人として頼朝に仕えることになる。

八重と江間義時

ところで、頼朝が江間を接収したのはいつ頃だったのか。安房で再起した頼朝は、十月十六日、平維盛率いる平氏軍を迎え撃つため鎌倉を進発した。同時に、伊豆国に残った平氏方を討つため武士たちを派遣したと考えられる。『吾妻鏡』十月十九日条によれば、

伊東次郎祐親法師、小松《こまつの》羽林《うりん》に属さんがため、船を伊豆国鯉名泊《こいなのとまり》に浮かべ、海上を

> 廻らさんと擬するの間、天野藤内遠景《あまののとうないとおかげ》これを窺ひ得、生《い》け虜《ど》らしめ、今日相具《あいぐ》して黄瀬河の御旅亭に参る。

伊豆東岸の鯉名泊から船で逃亡を図った祐親を伊豆国の武士天野遠景が捕縛し、頼朝が宿営する黄瀬川に連行してきたという。祐親は石橋山合戦の勝利後、本拠の伊東に戻っていたと推察される。江間次郎も江間に戻っていたであろう。ところが、戦況の逆転により祐親は捕縛され、江間次郎は討たれた。江間が接収されたのはこの頃だったと考える。

なお、次郎の妻となっていた八重は、それまで有利な戦況が続いていたことから、江間に留まっていた可能性がある。また、無理やりに再嫁させられたのであるから、次郎に殉《じゅん》じて自害したとも思われない。とすれば、江間の地で頼朝方の武士に身柄を確保されたと考えられよう。その後、第二章第一節で述べたように、祐親・祐清は祐親の娘婿三浦義澄のもとに召し預けられた。義澄の妻の同母妹である八重も、頼朝の計らいにより三浦に預けられたと考えるのが自然である。敵方であっても、女性に対してはひどい扱いをしないのが通例であった。ましてや八重は頼朝の元の妻である。丁重に扱われたことは想像に難くない。

一方、「真名本」巻三は江間次郎が討たれたことを記した後、次のように叙述している。

> 子息の少《をさな》き者をば、北条小四郎義時申し預かりて免《ゆる》されぬ。則《やが》て義時が元服の子として、後に江馬小次郎と云ふは則《すなは》ちこれなり。

江間の領主となった義時が次郎の幼い子を預かり、頼朝に申請して罪を赦してもらった。その上、烏帽子親となって元服させ、「江間小次郎」と名乗らせたというのである。なお、「北条」を顕彰する「真名本」は、江間と義時を結びつけたくなかったからか、一貫して「北条小四郎義時」と記している。先の叙述もその一例である。

また、『平家物語』諸本は八重の夫を「江間小次郎」と記し、子息には言及していない。どちらが史実に近いのか、残念ながら判断の根拠となる史料はない。ただ、伊東祐親に関わった人物に詳しい「真名本」に、義時が江間の人々と何らかの関係を築いたことを示唆する叙述があることは無視できない。八重もまたその一人だからである。

第二章第一節で述べたように、八重が江間に再嫁したのは安元元年（一一七五）八月頃である。それから治承四年（一一八〇）八月の頼朝挙兵までの五年間、川向こうの北条では、祐親の前妻の娘つまり八重の異母姉をはじめ、その夫である時政らが悲しみに沈む八重を気遣い、いたわったのではないかと推察する。祐親が江間を再嫁先に選んだのも、それを望んだからであろう。と同時に、頼朝が政子を妻とした後、つまり安元二年三月以降は、頼朝と八重が復縁しないよう、北条の人々はそれまで以上に注意しなくてはならなくなったであろう。女癖の悪い頼朝であるからなおさらである。

義時はこうした江間と北条、八重・頼朝・政子の関係を五年にわたってつぶさにみてきた。単なる憶測ではあるが、何かしらの思いが義時の胸の内に育まれていったような気がしてならない。同様に、江間次郎を討った頼朝、次郎から解放されて三浦に保護された頼朝の元の妻八重、そして今の妻であり御台所となった政子にもそれなりの思いがあったに違いない。以下、推論に推論を重ねることを承知の上で、いささか想像をめぐらしてみたい。

頼朝の結婚仲介

その際、参考になるのが『吾妻鏡』治承五年（一一八一）二月一日条である。

足利三郎義兼《よしかね》、北条殿の息女に嫁《か》す。また加々美次郎長清《かがみのじろうながきよ》、上総権介《ごんのすけ》広常の聟となる。両人ともに穏便を存じ、忠貞を挿《さしはさ》み、御気色快然の余り、別の仰せによって今この儀に及ぶと云々。

足利義兼と「北条殿」時政の娘、加々美長清と上総広常の娘の結婚の記事である。義兼・長清はともに穏便な人柄で忠貞の心を持ち、頼朝の覚えがめでたかったので、特別の「仰せ」によって結婚することになったという。頼朝は結婚を仲介することで、自分を結節点とした姻戚ネットワークを結ばせ、有力御家人を掌握しようとしたと考えられる。

しかも、義兼・長清はともに源氏一門、義兼の妻は頼朝の身内である時政の娘であった。以後も頼朝は、弟の範頼《のりより》と側近の安達盛長の娘、同じく弟の義経と武蔵の有力御家人河越重頼の娘の結婚を仲介した。さらに、自分の弟全成《ぜんじょう》と政子の妹（のちの「阿波局」）、源氏一門の最有力者平賀義信《ひらがよしのぶ》と自分の乳母比企尼の娘の結婚も仲介した可能性がある。

全成は、弟の中では最も早く、治承四年十月一日、下総国鷺沼《さぎぬま》（現、千葉県習志野《ならしの》市鷺沼）に宿営する頼朝のもとに参向した。阿波局とは鎌倉入りの当初から顔見知りだったことになる。前著（『源氏将軍断絶』）では、二人の結婚が翌治承五年（養和元年）だったとすれば、最初の娘は寿永元年（一一八二）頃に生まれた可能性があり、建久八年（一一九七）には十六歳の適齢期、三条公佐《きんすけ》の妻の候補になり得ると考えた。

以上の諸事例から、治承五年以降、頼朝が次々と結婚の仲介に乗り出し、自分を結節点とした有力御家人の姻戚ネットワークを作り、そこに身内を絡ませていったことがわかる。有力御家人の掌握にとどまらず、身内による派閥の形成を意図していたと解釈することもできよう。

そうした意味では、義兼の妻に選ばれたのが時政の娘だったことも注目に値する。というのも、のちのことになるが、頼朝は時政の息子である義時の結婚も仲介しているからである。『吾妻鏡』建久三年九月二十五日条によれば、義時が、比企朝宗《ともむね》の娘で、頼朝お気に入りの幕府の官女「姫《ひめ》の前《まえ》」に恋をしたことを知ると、二人の結婚を後押ししたのである。詳細は前著で述べたので繰り返さないが、実はこれも我が子頼家・実朝の将来をみすえた頼朝による身内派閥の強化策と捉えることができる。

泰時の母「阿波局」

ところで、姫の前と結婚した時、義時には寿永二年（一一八三）に誕生した長子泰時がいた。「貴種」ではない一般の東国武士が「室《しつ》」（正室）と「妾《しょう》」（側室）二人の妻を持つことはまずない。泰時の母は建久以前に死去していたとみるのが妥当であろう。では、義時の最初の結婚はいつ頃だったのか。泰時の誕生年からみて、寿永元年の歳末以前のこととなる。

一方、泰時ほどの人物にしては不思議なことに、『鎌倉年代記』の「母阿波局」、『武家年代記』の「母御所女房阿波局」、『系図纂要』の「官女阿波局」という記述以外、母に関する史料がない。三者に共通するのは「阿波局」という女房名を持った、御所に務める官女という点である。無論、義時の妹の「阿波局」とは別人である。彼女が死去したため、義時の妹が「阿波局」の名を、いわば継いだのであろう。ただ、泰時の母「阿波局」が誰だったのか、これまでは不明とされてきた。そこで、単なる推論、憶測と退けられるかもしれないが、義時が江間の領主となり、江間の人々と関わりを持った可能性があること、そして治承五年以降、頼朝が進めた結婚の仲介による身内派閥の形成という事情などを状況証拠として、最初の「阿波局」つまり泰時の母は八重だったのではないかという仮説を提示したい。

八重は江間で頼朝方の武士に保護され、父の祐親、兄の祐清とともに三浦に預けられたと考えられる。敵の妻とはいえ囚人ではない。行動の自由は認められたであろう。頼朝が八重を近くに置きたいと考えた可能性もある。ただ、御台所政子の手前、八重を妾にはできない。そこで「御所女房」「官女」に取り立て、「阿波局」と名乗らせたのではないか。とはいえ、今の妻政子からすれば、元の妻が御所に出入りし、頼朝の近くに仕えるのは面白くない。心配でもある。しかし、八重が再び誰かの妻になれば話は別である。最も信用できる相手は、八重も住んでいた江間の領主になった弟の義時である。身内派閥を作るという方針にも合致し、頼朝も賛成せざるを得ない。これまでの経緯・事情をよく知る義時も受け入れやすい。

かくして頼朝と政子により、八重と義時の結婚話が進められることになったと考える。その時期はいつか。寿永元年二月、政子懐妊が判明した後という時期が可能性として考え

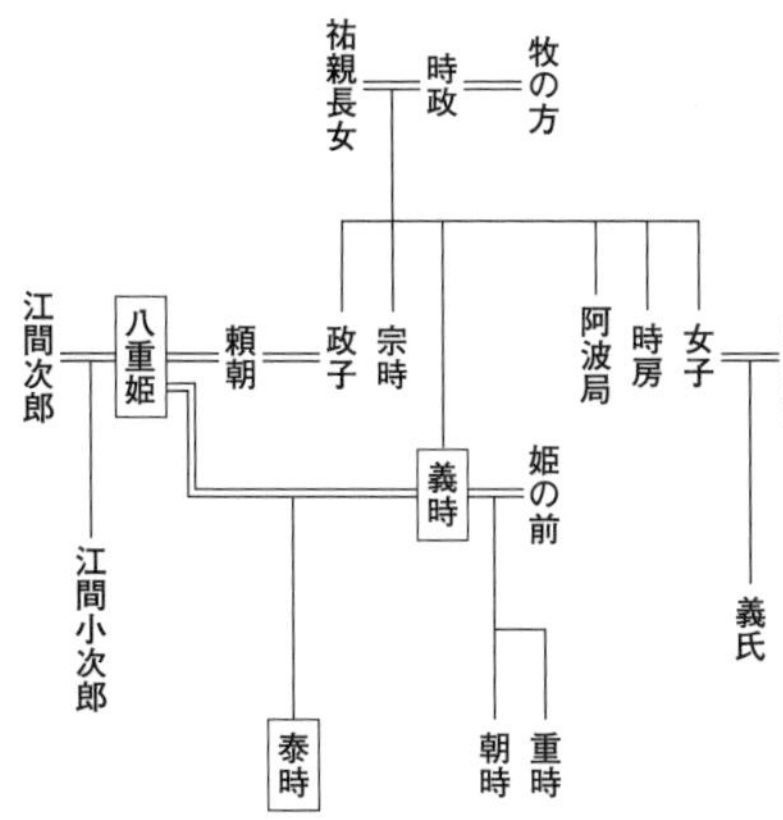

義時・八重・泰時関係系図

られる。懐妊に伴う恩赦を祐親が拒否して自害し、かつて頼朝の窮地を救った祐清は放免された。父と兄がいなくなれば、八重も三浦に住み続ける必要はない。一方、御着帯《ごちゃくたい》の儀や鶴岡八幡宮《つるがおかはちまんぐう》の参道造営など、政子懐妊の祝賀行事は大々的に挙行された。こうした祝儀の一環として、頼朝・政子は義時・八重の結婚話を進めたのではなかったか。そして、翌寿永二年、二人の間に生まれたのが泰時だったと考えたい。

　以上、大胆な仮説を提示してみた。異論もあろう。ただ、八重が義時の最初の妻であり、泰時の母であることを積極的に否定する証左はないように思われる。他方、『吾妻鏡』には泰時が頼朝から特別扱いされた記事が散見する。そこには『吾妻鏡』編纂時における北条得宗家の意向を受け、泰時を頼朝の正当な後継者と位置づけようとする『吾妻鏡』編纂者の潤色・曲筆という面があることは確かである。しかし、泰時は元服時に頼朝の偏諱「頼」を賜り、「頼時」と名乗っている。泰時と改名したのは頼朝の死後である。頼朝が泰時を特別扱いしたのは事実であり、それも元の妻八重が産んだ子だったからと考えれば理解できよう。また、「阿波局」という女房名は、国名を冠した「下野局《しもつけのつぼね》」「駿河局《するがのつぼね》」「若狭《わかさの》局《つぼね》」などと同様、御所に仕える官女のありふれた名である。その中でわざわざ「阿波局」という名を義時の妹が称したのも、兄の亡き妻の大切な名を継いだと考えればしっくりいく。

それにしても、なぜ諸史料が、義時の最初の妻、泰時の母を八重と明示しなかったのかという疑問は残る。ただ、八重は自分が産んだ頼朝の長子千鶴を、こともあろうに実の父祐親に殺された。中世の人々の感覚からすれば、極めて不吉な凶事に他ならない。八重が、幕府内で権力を握る北条氏と密接な関係にあったと明示するのは憚《はばか》られたのではないか。

不明な点、論証できない点は少なくないが、一つの仮説として、寿永元年、頼朝・政子が義時と八重の結婚を仲介し、翌寿永二年、泰時が誕生したと考えておきたい。

亀の前事件

妊娠中の政子は八重が義時の妻となり、ひと安心したであろう。が、甘かった。頼朝の女好きは政子の想像を超えていたのである。八月十二日、無事に長男頼家を産んだ三ヵ月後の十一月、政子を激怒させる騒動が起きた。いわゆる亀《かめ》の前《まえ》事件である。

『吾妻鏡』寿永元年(一一八二)十一月十日条には次のような記述がみえる。

> 此の間、御寵女亀前、伏見冠者広綱の飯嶋の家に住む也。しかるに此の事露顕。御台

所殊に憤らしめ給ふ。是、北条殿の室家牧御方、密々にこれを申さしめ給ふ故也。

このところ、頼朝の寵愛《ちょうあい》を受ける「亀前《かめのまえ》」という女が「伏見冠者広綱《ふしみのかじゃひろつな》」の飯嶋の家に住んでいた。ところが、「北条殿」時政の正室である「牧御方《まきのおんかた》」がこれをこっそり「御台所」政子に教えたため、政子が激怒したというのである。

半年ほど前の六月一日条によれば、亀の前は「良橋太郎入道《よしばしのたろうにゅうどう》」という者の娘で、頼朝が伊豆にいた頃から目をかけ、「去る春の頃」より「密通」していたという。春の頃といえば、政子の懐妊が判明した頃である。官女として御所への出入りを許していた八重を義時の妻にすることになった頼朝は、再び伊豆流人時代からの「寵女《ちょうじょ》」と密通するに及んだのである。亀の前に住居を提供した伏見冠者広綱は、五月十二日条によれば、頼朝から「京都に馴るる者」を尋ねられた安田義定が、自分の勢力圏内の「遠江国懸河辺」に住んでいた広綱を推薦し、「右筆《ゆうひつ》」として仕えることになった者であるという。

頼朝が妾を隠していると知った政子は、牧の方の父（兄との説もある）「牧三郎宗親《まきのさぶろうむねちか》」に命じて「広綱の宅を破却し、頗《すこぶ》る恥辱」を与えた。広綱はあわてて亀の前を連れて逃げ出し、大多和五郎義久《おおたわのごろうよしひさ》の鐙摺《あぶずり》の宅に避難した。これは平安期以来、都で行われていた「後妻《うはなり》打《う》ち」と呼ばれる慣行で、夫を奪われた前妻《こなみ》は後妻《うはなり》の家屋や家財道具を打ち壊しても構わないというものである。京都育ちの頼朝に対し、政子があえて選んだ対抗策といえよう。

ただ、事はこれだけでは収まらなかった。翌々日の十二日、頼朝が遊興と称し、宗親を連れて義久の宅を訪れ、広綱と宗親に一昨日の件を問いただしたのである。宗親は地面に顔をこすりつけて陳謝した。しかし、頼朝は許さず、手ずから宗親の髻《もとどり》を切った。出家する時には髻を切るが、その意志がないのに髻を切られれば乱れ髪になり、再び髻を結えるようになるまでにはかなり時間がかかる。一人前の俗人の武士にとってはこの上ない恥《ち》辱《じょく》である。宗親は泣いて逃亡した。

頼朝・時政・義時、三者三様

まだ続きがある。頼朝が鎌倉に戻った十四日の夜、宗親への譴責《けんせき》に不満を抱いた時政が、許可もなく伊豆に下国してしまったのである。時政からすれば、事の発端は、頼朝が時政の娘である御台所政子に隠れて亀の前を妾にし、寵愛したことにある。時政の妻牧の方が政子に告げたのも、政子が激怒して後妻打ちに出たのも当然のことである。にもかかわらず、政子の命令を忠実に実行しただけの、牧の方の父宗親に恥辱を与えるのは納得がいかないというわけである。

とはいえ、許可なく下国するのは謀叛《むほん》とみなされても仕方のない行為である。今度は頼朝が激怒した、と『吾妻鏡』同日条は記す。が、その割には時政が処罰された形跡はない。むしろ頼朝は、梶原景季を江間義時のもとに遣わし、父と行動をともにしていないか確認させた。そして、鎌倉に留まっているとの報告を受けると、義時を呼び出して褒め上げ、追って賞を与えようとまで口にしたのである。夜中に突然呼び出された義時は、ただ畏《かしこ》まりましたと答えただけで退出したという。

この一連のやり取りは、寿永元年（一一八二）末時点の頼朝・時政・義時三者の関係を象徴的に示していて興味深い。先に述べたように、時政には流人時代から挙兵にかけて頼朝を助け支えてきたという自負、舅という親世代の親しい身内という意識があった。その上、今の妻牧の方を溺愛していた。目の前でいいところをみせようとしたのかもしれない。

一方、頼朝は時政の軍事的有用性が低下したため、一介の御家人として軽く扱っても構わなかった。ただ、流人時代以来の恩義がある上、親しい身内の少ない身であるが故に、少なくともこの時点では、北条氏の当主である時政との関係を断ち切るのは難しかった。時政の伊豆下国を知って表面では激怒を装いながら、内心は狼狽《ろうばい》していたのではなかったか。そうでなければ、息子の義時が鎌倉に残っているのかどうか確かめる必要はない。

　その義時であるが、父時政に従って下国する意思はなかったと考える。頼朝は自分に江間を与え、独立した一人前の領主に取り立ててくれた主君である。その期待を裏切ることなど考え難かったであろう。また、先の仮説に従えば、頼朝・政子の仲介により、八重との新婚生活を始めたばかりである。守るべきものが増えていた。さらに、父時政が後妻牧の方とその親族を重んじていることは明らかであった。時政の前妻の子である義時は、牧の方に左右されがちな父に不満を抱き始めていた可能性もある。ただ、それを表に出さず、また事を荒立てず、黙々と自分がなすべきことをなしていくのが義時である。頼朝に呼び出されて褒められても、畏まりましたと答えただけで退出したのも義時らしい。

内乱期の時政・義時

　翌寿永二年（一一八三）以降も、この三者の関係に大きな変化はなかったと考える。また、内乱の中で北条氏が軍事的地位を向上させることもなかった。義時は平家追討軍として西国に下ったが、目立った武功を上げていない。時政は、年長の土肥実平や、同世代の梶原景時、比企能員、八田《はった》知家《ともいえ》らが出陣したにもかかわらず、西国に下ることすらなかった。

では、時政は鎌倉にいて頼朝を補佐していたのか。『吾妻鏡』寿永三年（四月に元暦と改元）三月一日条に引用された下文は、奉者《ほうじゃ》（主人の命令を奉《うけたまは》って文書を起草する侍臣《じしん》）の姓が「平」であり、北条氏の姓と同じである。「北条」は地名を用いた名乗り、すなわち名字《みょうじ》であり、公的な場では姓を用いるのが通例であった。同日条は地《じ》の文でも「北条殿の御《おん》奉《うけたまはり》として」と記している。ここから、平姓である時政が頼朝の命を奉り、文書を発給したかのように受け取れる。同様の例は同年十二月三日条所引の文書にもみえる。ただ、頼朝の命を受けて時政が上洛した文治元年（一一八五）十一月以前の段階で、時政が文書の奉者になったと考え得る例は、この二通だけである。

一方、問注所《もんちゅうじょ》の新設を記す同年十月二十日条には、「大夫属《たゆうのさかん》入道善信《ぜんしん》」三善康信が「俊兼《としかね》」「盛時《もりとき》」らを率いて訴訟の実務を担当するよう定めたという記述がある。このうち「盛時」は奉者や奉行として活躍する文士の御家人で、姓は「平」である。これが盛時の初出記事ではあるが、新設の問注所職員という信頼に足る重要な職務を与えられているのであるから、それ以前から仕えていたとみてもおかしくはない。とすれば、「平」を奉者とする先の文書も、時政ではなく盛時が奉者だったとみるのが妥当であろう。

要するに、時政は平家追討にも赴かず、鎌倉で頼朝の補佐をしていたわけでもなかったのである。ひょっとすると伊豆に下向したまま逼塞《ひっそく》していたのかもしれない。ただ、北条氏を顕彰する『吾妻鏡』はそうは書けない。そこで、引用文書の奏者が「平」であることから、地の文に「北条殿」と書き入れ、時政が奏者を務めたかのように装ったのではないか。いずれにせよ、この時期の時政の動向は判然としない。

その後の北条氏

　時政が再び表舞台に顔を出すのは、平家滅亡後の文治元年（一一八五）十一月である。頼朝と決裂した義経に強要され、頼朝追討の宣旨を出した後白河院を難詰《なんきつ》する使者として、十一月二十五日、千騎を率いて入洛したのである。そして、義経捜索を名目に守護・地頭設置の勅許を要求し、後白河に認めさせた。いわゆる「文治の守護・地頭」である。

　頼朝が時政を使者に抜擢した理由を明確に示した史料はない。ただ、『吾妻鏡』同年四月二十日条は、伊豆国田方郡の荘園を三島社と二宮八幡宮に寄進する際、時政が奉行したと記している。五月十五日には、義経が護送してきた平宗盛《むねもり》・清宗《きよむね》父子を迎え取るため、牧宗親・工藤行光《くどうゆきみつ》を従えて酒匂宿まで出向き、六月七日、頼朝が簾中《れんちゅう》から宗盛に対面した際にも、平賀義信・足利義兼・中原広元《なかはらのひろもと》（建保四年〔一二一六〕に「大江《おおえ》」と改姓）・比企能員らとともにその場に祗候した。平家滅亡によって内乱が一段落したところで、亀の前事件以降ギクシャクしていた頼朝・時政の関係も修復されたのであろう。

とくに義経や宗盛に関連する事案に時政が出てくることは注意していい。頼朝は、池禅尼の姪で、平頼盛の従兄妹《いとこ》の牧の方を妻とする時政の京都人脈に期待をかけたのではないか。それが義経問題で使者として上洛するという大抜擢につながった可能性はあろう。

再度チャンスをもらった時政は守護・地頭設置の勅許をもぎ取り、頼朝の期待に応えた。さらに、都の貴族たちから、当初は頼朝の舅というだけで、時政という実名すら認識されておらず、「北条丸《ほうじょうまる》」などとみくだされていた時政であったが、巧みな交渉術を披露し、貴族たちにも一目《いちもく》置かれるようになった。ただ、少し調子に乗り過ぎた。朝廷との繊細・微妙な関係を意識する頼朝の思惑を超えて、独断で活動することがあったのである。結局、鎌倉に召喚され、翌文治二年三月二十七日に京都を発って四月十三日には鎌倉に下着した。時政の上洛は臨時の措置で、最初から長期の在京は想定されていなかったとも考えられるが、滞在四ヵ月はやや短い印象がある。チャンスを活かして頼朝の期待に応えたものの、独断で走り過ぎて最終的には大きな成功を逃してしまう。時政にはこうした面があったように思われる。

その後の時政は、御台所の父、鎌倉殿の舅として無難に過ごしたと考えられる。建久三年（一一九二）八月、頼朝・政子の次男千幡《せんまん》（のちの実朝）が生まれると、北条氏の人々は乳母《めのと》・乳母夫《めのと》に選ばれ、当主の時政は祝賀行事の締め括り「五十日百日《いかももか》の儀」を主催した。

翌建久四年五月二十八日、頼朝政権を揺るがす「曾我事件」、曾我兄弟による富士の裾野の敵討ち事件が起きる。この一件に関しては、頼朝から冷遇された時政が曾我兄弟を使って頼朝暗殺を企てたとする「北条時政黒幕説」が唱えられてきた。しかし、その可能性は極めて低いと考える。時政の養君《やしなひぎみ》実朝はまだ二歳であり、自分を乳母夫に選んだ頼朝を失っては立ち行かないからである。詳細は前著や過去の拙著で述べたので繰り返さない。

「曾我事件」の危機を乗り越え、政権内の不満分子を一掃し、朝廷にも嫡男頼家をお披露目した頼朝は、後鳥羽天皇への大姫入内まで画策し、万全の体制を築いたかにみえた。ところが、建久八年、頼みの大姫が死去、さらに頼朝自身も建久十年（四月に正治《しょうじ》と改元）一月に急死した。享年は五十三。かくして鎌倉幕府も、時政・政子・義時ら北条氏も、新たな局面を迎えることになった。章を改めてみていこう。

第四章 頼家・実朝政権下の北条氏

第一節　宿老時政から執権時政へ

二代目鎌倉殿と宿老十三人

本節の内容は前著（『源氏将軍断絶』）で詳細に論じたものである。そこで、ここではなるべく北条氏に視点を置きつつ述べることにしたい。ただ、十八歳で二代目鎌倉殿となった頼家の時代について押さえておくべきことがある。一つは、頼家が一般に考えられているような蹴鞠《けまり》にうつつを抜かす「暗君《あんくん》」ではなく、積極的に幕政に関与し、将軍親裁《しんさい》を執行していたということである。若いが故の経験不足や、武断的な性格による失敗もあったが、基本的には頼朝晩年の政治方針を忠実に継承しようと努力していたといえるのである。

いま一つは、宿老《しゅくろう》と呼ばれる有力御家人による「十三人の合議制」が敷かれ、頼家は幕政から遠ざけられたとする先行研究の理解も、修正すべきだということである。根拠となったのは『吾妻鏡』建久十年（一一九九、四月二十七日に正治と改元）四月十二日条である。しかし、この記事は頼家への訴訟の取次ぎを宿老十三人に限定することを定めたものに過ぎない。実際、十三人が一堂に会して合議した例は確認できない。

これに対し、十三人のうちの一、二名が取次ぎや奉行を担当した例は散見する。無論、彼らは経験豊富な宿老である。このうちの何人かが集まって議論することはあったであろう。若い頼家を諫《いさ》めようという意見が出てくることもあったかもしれない。しかし、「十三人の合議制」という確固とした制度が築かれたわけではなかった。むしろ若く未熟な鎌倉殿を支えるため、「宿老十三人」がそれぞれの経験に基づいて幕政に関与したと理解すべきである。有力御家人は鎌倉殿の権力を掣肘《せいちゅう》しようとするもの、という先入観にとらわれてはいけない。

　以上のことを前提に、頼家政権下の北条氏について述べてみる。まず「宿老十三人」の顔ぶれをみておこう。武士の御家人が三浦義澄、安達盛長、足立遠元、北条時政、梶原景時、比企能員、八田知家、和田義盛、江間義時の九人、文士の御家人が中原親能《ちかよし》、中原広元、三善康信、二階堂行政《ゆきまさ》の四人である。若い義時が加えられたのは、頼朝から「家子専《いえのこせん》一《いっ》」とされていたことも関係していようが、幕府の根幹となる伊豆・相模・武蔵の武士団の間に派閥の力学が働き、時政および頼朝の後家である政子の強力な推薦があったためと考える。とくに政子は、源家の若い当主頼家を支える家長であり、御家人たちも政子の意見には従った。

また、時政はその政子の後押しを受け、御家人が鎌倉殿を饗応する儀式「垸飯《おうばん》」を正治二年（一二〇〇）正月元日に務めた。これは御家人筆頭であることを示すものである。また、政子の進言を容れたと考えられる頼家の推挙を受け、朝廷から遠江守《とおとうみのかみ》に任じられた。頼朝期には無位無官だった時政が初めて得た官職である。国守《くにのかみ》は源氏一門にしか許されない諸大夫《しょたいふ》身分の官職であり、衛門尉《えもんのじょう》・馬允《めのじょう》に任じられる侍《さむらい》身分の一般御家人より格上となった。

一方、頼朝から重用され、頼家の乳母夫となった比企能員が、二代目鎌倉殿、建仁二年（一二〇二）七月以降は二代目の征夷大将軍に任じられた頼家の権威・権力を背景に、勢力を伸長させた。能員の娘「若狭局」は頼家から妾として寵愛され、「一幡《いちまん》」という男児を産んでいた。頼家には他に、頼朝が決めた「辻殿《つじどの》」という正室がいて、公暁《こうぎょう》を産んでいたが、辻殿の父はすでに死んでいたため、頼朝という後見人を失うと途端に立場が弱くなった。そこで、頼家と能員は一幡を嫡子・後継者にする動きを加速させた。

折しも正治二年一月、梶原景時が滅ぼされ、その直後、時政より年長の三浦義澄が、四月には安達盛長が死去した。武士の宿老が六人に減り、パワーバランスが崩れた。その結果、実朝の乳母夫北条氏と、頼家の乳母夫比企氏との対立が表面化してきた。

比企氏滅亡と頼家殺害

先に動いたのは頼家・比企の側であった。建仁三年（一二〇三）五月、義時の妹「阿波局」を妻に持つ頼朝の弟全成を謀叛の咎で拘束し、六月二十三日、宿老の一人八田知家に命じて誅殺させた。頼家は阿波局も拘束しようとしたが、政子が必死になって守り抜いた。時政・政子・義時ら北条氏に対する圧迫が顕著になってきたのである。

ところが、ここで予想外の出来事が起きた。七月、頼家が急病に倒れ、八月には危篤状態に陥ったのである。周囲も本人も回復の見込みがないと悟った八月二十七日、譲与の沙汰があった。『愚管抄』によれば、これによって一幡への譲与が確定したと考えた頼家は、八月晦日《みそか》、死に備えて出家したという。一方、『吾妻鏡』八月二十七日条は、関東二十八ヵ国の地頭職と総守護職を一幡が、関西三十八ヵ国の地頭職を千幡（実朝）が継承することに定まったと記す。しかし、分割相続に頼家・能員が満足したとは考え難く、この後の北条氏の行動を擁護しようとする『吾妻鏡』編纂者の曲筆の可能性が高い。現実にはほとんどが一幡に譲与されることになったと考えられる。北条氏は追いつめられた。

ここで時政が勝負に出た。譲与の沙汰が思い通りに運んで油断した能員を、九月二日、自邸に招いて殺害し、政子の同意を得て一幡の住む小御所を攻めたのである。『愚管抄』

によれば、一幡はからくも脱出したが、二ヵ月後、義時が探し出して殺害したという。「比企の乱」と呼ばれる事件である。ただ、みての通り、これは追いつめられた時政ら北条氏がしかけたクーデターであり、実態は「北条の乱」とでも呼ぶべき事件であった。

九月五日、奇跡的に回復した頼家は比企氏の滅亡を知って悲しみ憤った。しかし、もはやどうすることもできない。怒りに震え、病み上がりの体でふらふらと立ち上がった息子に、政子は涙を流しながら抱きついた。千幡（実朝）を守るためとはいえ、時政による小御所攻撃に同意してしまった自分を責めたのではなかったか。結局、頼家は将軍職を追われ、伊豆の修善寺に幽閉された。政子は哀れな息子を気遣い続けたが、翌元久《げんきゅう》元年（一二〇四）七月十八日、頼家は送り込まれた刺客と激しく戦った末に殺害された。『愚管抄』は、あまりに手強いので、頸《くび》に紐《ひも》をつけ、陰嚢《いんのう》を取るなどして刺し殺したと記している。享年二十三であった。

時政の独走

時政は比企氏を滅ぼした九月二日、遅くとも三日早朝には京都に使者を送り、頼家が死去したので千幡の鎌倉殿継承を認めてほしいと奏請《そうせい》した。頼家の存命中のことである。比企氏への攻撃が千幡の擁立を前提にしたものであったことがわかる。朝廷はこれを受け入れ、「治天の君」後鳥羽上皇が千幡に「実朝」という実名《じつみょう》を与え、従五位下《じゅごいのげ》・征夷大将軍に叙任《じょにん》した。鎌倉殿継承と将軍補任が同時に行われた初めての例である。実朝はわずか十二歳であった。

ここから時政の独走が始まる。まず、幕政の中心機関である政所の別当に就任した。政所別当は複数制であり、宿老の一人広元も別当であった。ただ、時政は筆頭の別当、いわゆる執権別当、略して執権となった。そして、「遠江守（花押）」「遠江守平（花押）」のように単独で署名と花押《かおう》（サインのこと。判ともいう）を記した公式文書を次々と発給した。内容は「裁許《さいきょ》（裁判の判決）」や所領の「安堵《あんど》（権利の公認）」が多い。無論、将軍の命令の下達である。ただ、実朝は少年であるから、実質的には執権時政の意向が反映された命令書といえる。頼朝からは幕府の役職に任じられることのなかった時政であるが、頼朝が死去して重しが取れ、ライバル比企氏を武力で滅ぼしたことにより、タガが外れたように権力集中に走ったのである。文治の上洛時にもみられたが、上昇志向が強く、調子に乗りやすいタイプなのである。

また、もともと京都志向が強いことから、京都人脈の拡充にも努めた。その最たるもの

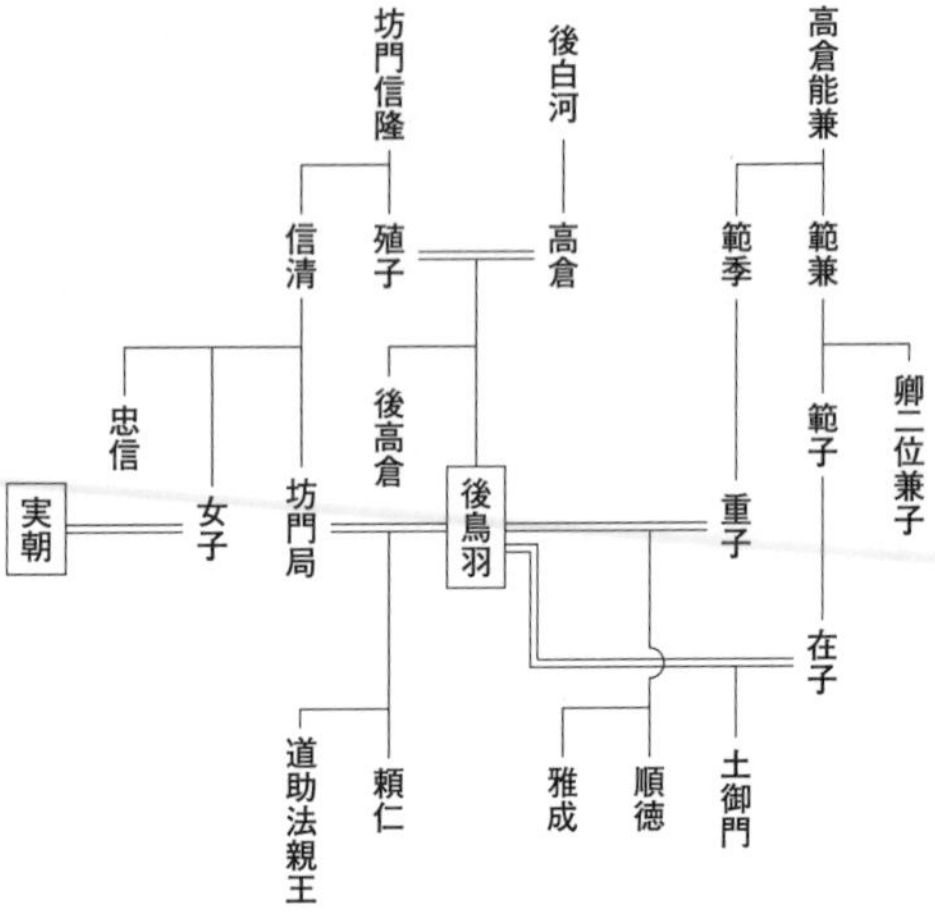

後鳥羽・実朝関係系図

は、実朝の御台所を京都から迎えたことである。時に京都では、政治・文化・軍事・経済の各分野で抜群の才能を発揮した稀代《きたい》の帝王、後鳥羽上皇が治天の君として君臨していた。幕府の意向を知った後鳥羽は自ら人選を主導したと考える。その結果、院近臣坊門《ぼうもん》信清《のぶきよ》の娘が実朝の御台所に決まった。信清の姉は七条院《しちじょういん》殖子《しょくし》、後鳥羽の母である。つまり信清の娘は後鳥羽の従兄妹にあたるわけである。実名を賜った上、御台所に従兄妹を選んでもらった実朝は、後鳥羽と固い絆《きずな》で結ばれることになった。

ちなみに、信清の娘は出家後「西八条《にしはちじょう》禅尼《ぜんに》」と呼ばれた。ただ、実名は伝わっていない。前著では「信清」の偏諱を取って「信子《のぶこ》」と名付けられたのではないかと考えたが、別人の名である可能性が高い。そこで、本書では単に「信清の娘」と記したい。

時政の躓き

しかし、実朝の御台所選定は、独走する時政の最初の躓《つまず》きとなる。元久元年（一二〇四）十月十四日、京都まで御台所を迎えに行く使節が晴れがましく上洛の途についた。メンバーの中には時政・牧の方の愛息政範《まさのり》も含まれていた。政範は若くして従五位下・左馬権《さまごんの》助《すけ》の官位を得ており、時政を当主とする北条家の後継者だったと考えられる。この期待の愛息を、時政夫妻は名誉ある使節の一員として送り出したのである。

ところが、政範は旅の途上で病に倒れ、入洛はしたものの、十一月五日、帰らぬ人となった。十六歳の若さであった。十一月十三日、鎌倉にもたらされた悲報に時政夫妻は衝撃を受け、悲嘆にくれた。その一週間後、娘婿の平賀朝雅と使節の一人畠山重保《しげやす》が、京都六《ろっ》角東洞院《かくひがしのとういん》の朝雅邸で激しく口論したという風聞が鎌倉に届いた。愛息を失い、精神的に不安定になっていた牧の方は娘婿の肩を持ち、一方的に重保を敵視するようになる。

重保の父は畠山重忠である。重忠は秩父平氏の嫡流で、武蔵国留守所検校職《るすどころけんぎょうしき》を保持する武蔵武士の代表格であった。鎌倉のある相模国と同じく、武蔵国は鎌倉期を通じて将軍家の知行国《ちぎょうこく》であり、幕府にとって最重要の地であった。その武蔵の国守（武蔵守《むさしのかみ》）は、建仁三年（一二〇三）十月、京都守護として上洛するまで平賀朝雅が務め、時政も執権として武蔵の掌握を目指していた。時政にとって畠山重忠・重保父子は邪魔な存在だったのである。

　元久二年六月二十一日、『吾妻鏡』同日条によれば、時政は義時と時房を呼び、謀叛の咎で重忠を討つよう命じた。これまでであれば、時政の命令には黙って従っていた義時であったが、この時は違った。頼朝挙兵以来の勲功や、比企の乱の際、時政に従って能員を討った忠節を考えれば、真偽を確かめずに行動を起こすべきではないと諫めたのである。常に裏方に回り、頼朝や時政の命令を黙々と忠実にこなしてきた義時が、初めて主体的に自己を主張した瞬間である。文武両道に秀で、人望も厚く、挙兵以来、幕府を支えてきた一歳年下の重忠が謀叛を企てるはずがない、よほどの確固たる証拠がない限り討伐すべきではないと義時は判断したのである。のみならず、無実の罪で重忠を討てば厳しい批判にさらされることもわかっていた。

　しかし、執権である父の命令である。翌二十二日、まず三浦義村が由比浜《ゆいがはま》辺で重保を殺害した。次いで、義時を大手の大将軍、時房・和田義盛を関戸の大将軍とした幕府軍が出陣した。三浦・和田は、治承四年（一一八〇）八月、衣笠城で惣領の祖父三浦義明を重忠に討たれていた。その弔い合戦の意味もあったため、重忠討伐には積極的だったのである。

午《うま》の刻（正午頃）、幕府軍は武蔵国二俣川《ふたまたがわ》（現、神奈川県横浜市旭《あさひ》区周辺）で、鎌倉に向かおうとする重忠ら百三十四騎と遭遇した。重忠は多勢に無勢ながら申《さる》の刻（午後四時頃）まで奮戦したが、ついに力尽きて全滅した。重忠四十二歳、華々しい最期であった。

翌二十三日、鎌倉に戻った義時は、重忠が率いていたのは百数十騎で、謀叛というのは偽りだったと報告した。そして、討ち取られた重忠の首をみて、長年にわたる交友を思い、悲涙を禁じ得なかったと珍しく感情を露わにした。時政はひと言も答えなかったという。

時政の失脚と隠遁

畠山重忠を無実の罪で滅亡させたことは、時政にとって二つ目の躓きとなった。逆に、面と向かって執権の父時政を批判した義時は株を上げた。確かに、義時は重忠を討つ大手の大将軍であった。重忠討伐を拒否し続ければ、自分が時政から排除される可能性すらあったからである。そこで、義時はあえて時政の命を奉じて討伐に赴き、三浦氏の畠山氏に対する復讐感情を満足させるとともに、重忠が無実であることを御家人たちに周知させるという策をとったのだと考える。この策は見事に成功した。幕府軍として出陣した御家人たちは、重忠の軍勢の数をみて謀叛というのは虚偽であったと知り、無実の罪で重忠を討ったという罪悪感に苛《さいな》まれた。義時は時政を批判することで彼らの思いを代弁したのである。

　時政と牧の方は、御家人たちの間に広がる批判的な空気を敏感に察知したのであろう。形勢逆転を狙った危険な一手を打ってきた。畠山氏滅亡から二ヵ月後の閏《うるう》七月十九日、『吾妻鏡』同日条によれば、牧の方が謀略を廻らし、娘婿の平賀朝雅を将軍に立て、現将軍の実朝を滅ぼそうとしているとの風聞が流れたという。実朝は時政が擁立した将軍である。その後も実朝が少年であるのをいいことに、将軍の威を借りて思うが儘《まま》に権力を行使してきた。行きついた先は、自ら立てた実朝を将軍の座から引きずり下ろすことであった。また、『吾妻鏡』は謀略の主役が牧の方だったかのごとく記している。確かに、時政は牧の方を溺愛していた。しかし、重要な決断は時政自身が下したとみるべきであろう。『吾妻鏡』編纂者は時政を擁護するため、牧の方を事実以上に悪役に仕立てたのではないか。

　ともあれ緊急事態が発生したことは間違いない。「尼御台所」政子は長沼宗政《むねまさ》、結城朝《とも》光《みつ》、三浦義村・胤義《たねよし》兄弟、天野政景《まさかげ》らを時政亭に派遣し、実朝を義時亭に移した。すると、時政が召し集めた武士たちも義時亭に駆けつけて実朝を守護した。追いつめられた時政は出家し、翌日、伊豆の北条に下向して隠遁《いんとん》した。牧氏事件と呼ばれる時政の失脚劇である。
なぜ時政はかくも容易《たやす》く失脚したのか。それは将軍の地位というものを正しく認識できていなかったからだと考える。それこそが最大の躓きであった。将軍とは御家人たちの主君である。しかも、前著で述べたように、奥州合戦や富士野の巻狩で行った頼朝の政治的演出が功を奏して嫡子の頼家が二代目となり、さらには三代目として実朝が将軍職を継承した。これにより、頼朝の血を引く者が将軍になるという「源氏将軍観」が御家人社会に定着するに至った。確かに、平賀朝雅は源氏一門である。他にも河内源氏には足利義氏《よしうじ》、武田信光《のぶみつ》、摂津源氏には源頼茂《よりもち》などがいた。しかし、彼らは頼朝の血を引いていない。彼らを将軍に立てることに、御家人たちはすでに抵抗感を覚えるようになっていたのである。

政子が実朝を義時亭に移したのは、いわば我が子を守る行動であった。その直後、御家人たちは時政をみはなした。政子は意識するしないにかかわらず、「源氏将軍観」が御家人社会に定着していることを察知していたのである。ここが時政との決定的な違いであった。

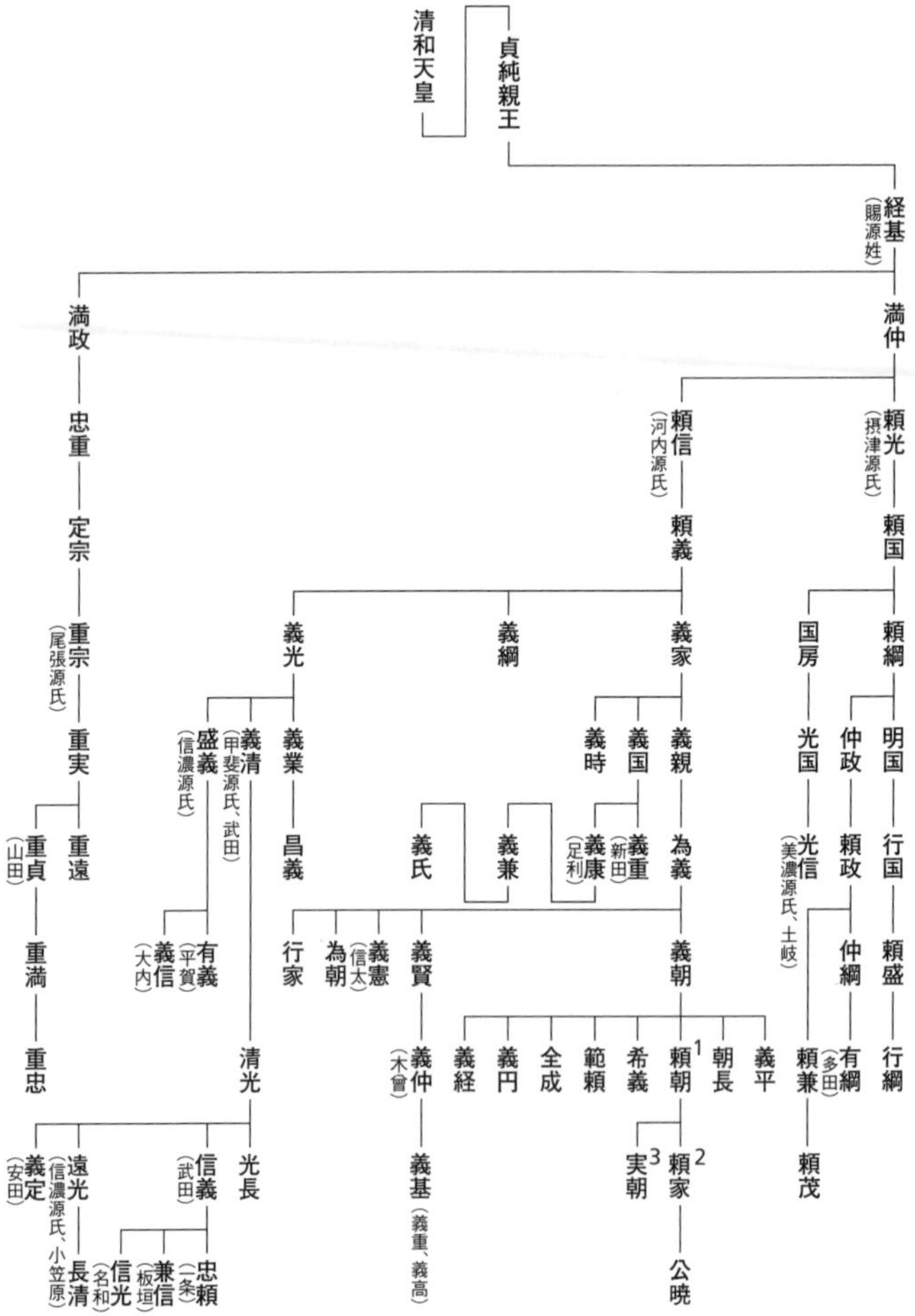

清和源氏略系図［数字は鎌倉将軍の就任順］（五味文彦、櫻井陽子編『平家物語図典』〔小学館〕を一部修正して作成）

第二節　実朝・政子・義時の時代

執権北条義時の誕生

　時政の失脚後、京都にいる平賀朝雅も誅殺《ちゅうさつ》された。『明月記《めいげつき》』閏七月二十六日条は、「時政の嫡男相模守《さがみのかみ》義時、時政に背き、将軍実朝母子と同心し、継母の党を滅ぼす」「時政朝臣、頼家卿の如く、伊豆の山に幽閉され、出家」と記している。『明月記』の記主《きしゅ》藤原定家《さだいえ》は、牧氏事件を政子・義時ら時政前妻の子たちが将軍実朝と協力し、時政と後妻牧の方を追放した事件と捉えていたことがわかる。

　これはまた北条の家で、時政という親世代から政子・義時ら子世代へと、世代交代が果たされたことを意味する。『吾妻鏡』は義時に対し、元久元年（一二〇四）二月二十五日条を最後に「江間」という名字を用いていない。同年三月六日、義時が相模守に任官（『鎌倉年代記』による）すると、同年四月十八日条の「遠州《えんしゅう》（遠江守時政）ならびに四郎、五郎」を挟んで七月二十四日条には「相州《そうしゅう》（相模守）」と記し、これ以降は官途名《かんどめい》を用いる。そして、時政・牧の方の愛息政範が死去した翌年の元久二年になると、先の『明月記』のように、「時政の嫡男相模守義時」すなわち時政の「嫡男」と認識されるようになった。その嫡男が、牧氏事件によって江間をも含んだ北条家の当主北条義時になったのである。

さらに、義時は執権の座も継承した。時政が執権として発給した文書は元久二年閏七月十二日付の「関東《かんとう》御教書《みぎょうしょ》《みきょうじょ》」(『鎌倉遺文《かまくらいぶん》』一五六八号、以下『鎌』と略記)が最後である。一方、年欠ではあるものの元久三年と推定される二月二十九日付の「北条義時書下」(『鎌』一六〇四号)は、義時の単署で発給されている。そして、承元《じょうげん》三年(一二〇九)四月、十八歳の実朝が従三位《じゅさんみ》に叙され、正式に将軍家政所を開設すると、義時は同年十二月十一日付の「将軍家政所下文案《あん》」(『鎌』一八二二号)から政所の執権別当として、他の別当とともに署判(署名し、判＝花押を記すこと)を加え、職務を遂行していくのである。

その一方で、「家子専一」といわれながら、ここに至るまで義時が何をしていたのか、明らかにできる史料はほとんどない。そのため「何もしない男」と評されることすらある。ただ、「何もしない」のではなく、「何をしているのかみせない」男だったのではないか。治承四年(一一八〇)八月の頼朝挙兵から元久二年閏七月までは四半世紀、二十五年の歳月が流れている。十八歳の若者だった義時は四十三歳の壮年に達した。自分を「家子専一」と定め、二度も結婚の仲介をしてくれた頼朝の傍らにいることによって、また頼家政権では「宿老十三人」の一人となり、幕政運営の一端に関わることによって、そして父時政の指示に従い続けることによって、義時は多様な経験をし、多くを学んだはずである。ただ、派手なパフォーマンスをしなかっただけであろう。

　それは義時の個性・資質に負うところが大きいと考える。表向きの「名」ではなく裏方に徹して「実」を取り、一時の感情に流されず情勢を正確に分析する、沈着冷静で頭脳明晰な男だったように思われる。そんな男が重忠を討った時には感情を露わにして時政を批判した。だからこそ人々は心を動かされたのである。さらに、将軍実朝を排するという、越えてはいけない一線を時政が越えるに及んで、ついに義時は「時政に背き、将軍実朝母子と同心し、継母の党を滅ぼす」行動に出た。「何をしているのか」人々にみせたのである。情勢分析に長け、適切な機会が訪れるまではじっと待機するが、チャンスの到来と判断すれば果断・迅速に行動する、北条義時とはそんな男だったと考える。頼朝にも相通じるところがある。義時が頼朝から信頼され、重用《ちょうよう》されたのもわかるような気がする。

執権の義時と源家家長の政子

義時の個性・資質は時政と対照的である。繰り返し指摘しているが、時政は上昇志向が強く、いささか山っ気のある人物だったと思われる。失敗すれば落ち込み、成功すれば嬉しくなって調子に乗る。感情の起伏の激しいところがあった。そのため比企氏滅亡・実朝擁立に成功して権力を掌握すると、有頂天になり、周囲を顧《かえり》みず独走してしまった。

義時は父の弱点、失敗に学んだところもあったであろう。権力を単独で行使するのではなく、将軍や他の有力御家人とじっくり協議を重ね、将軍を頂点とする組織そのものを重視するという政治手法をとった。これは、頼朝が建久年間（一一九〇～九九）に、戦時体制から平時体制へと切り替えた幕府の在り方、それを継承しようとした頼家・実朝の政治方針と親和性が高い。また、何よりも義時の個性や資質に適合していた。

無論、組織を重視することは、組織に埋没することと同義ではない。十分な経験を積んだ義時は、人を惹《ひ》き付ける魅力も身につけていた。畠山重忠の人望とは質の異なる人望があったといえよう。ただ、あえて表に立たず、また立つ必要もなかった。なぜなら、義時の傍らには常に政子がいたからである。

政子は初代将軍頼朝の後家にして将軍実朝の生母である。頼朝と苦楽を共にし、「御台所」として頼朝を支えた。頼朝死後は、源家《げんけ》の家長《かちょう》として、まだ若い我が子頼家と実朝を守り、「尼御台所」と呼ばれた。比企の乱の際、頼家を将軍職から降ろしたのも、急病に倒れた頼家が危篤に陥り、回復の見込みがなかったからである。また、時政が擁立した実朝を守るためであった。頼家が修善寺に幽閉された後も、政子だけは気遣い続けた。実家の北条氏のためには我が子を見捨てる、そんな酷薄《こくはく》な母親ではなかった。熱い女なのである。そうでなければ、その足跡、生きざまを知っている御家人たちが絶大な支持を送ることなどあり得ない。政子はこうして「尼将軍」への道を歩んでいったのである。

その政子と共に歩み、揺るぎない信頼で結ばれた義時は、すべてを背負い込む必要はなかった。幕府の執権義時と源家家長の政子は、まさに強力・無敵なタッグであった。

為政者としての将軍実朝

ところで、これまで一般には、義時・政子の二人を中心とする北条氏が幕政の実権を握り、実朝は傀儡《かいらい》の将軍に過ぎなかったとされてきた。しかし、前著『源氏将軍断絶』で明らかにしたように、それは先入観と事実誤認に基づく虚像である。確かに、実朝は和歌に優れ、『金槐《きんかい》和歌集』という家集を自選・編集したほどの歌人であった。ただ、それは公《く》

源実朝木像（甲斐善光寺蔵）

家《げ》文化に耽溺《たんでき》した武家政権の長にあるまじき姿などではない。初代将軍の頼朝も和歌の名人だったのである。侍所所司の梶原景時や、その嫡子で武勇の士として知られる景季も和歌に堪能であった。当時の和歌は単なる個人の嗜《たしな》みではなく、政治のツールでもあった。幕府の将軍たる頼朝や実朝が、朝廷の最高権力者たる治天の君、公式な王たる天皇、摂政・関白などの最上流の貴族たちと渡り合うために、和歌は必須の教養・政治ツールだったのである。

　しかも、実朝の時代に朝廷を牽引していたのは各分野に抜群の才を発揮した稀代の帝王、後鳥羽上皇であった。後鳥羽は『新古今和歌集』の約二千首を、ほとんど自らの意向に沿って撰んだとすらいえる優れた歌人であった。その後鳥羽から実名と御台所を賜った実朝が、後鳥羽を模範として和歌の修業に励み、朝廷と友好関係を結んだのは当然の帰結である。

また、幕府の政治にも実朝は積極的であった。時政に擁立された十二歳の頃はともかく、義時・政子の時代になった元久二年（一二〇五）の末、ちょうど十四歳から十五歳にかけての頃から、自ら署判した文書を発給し始める。そして、従三位となって将軍家政所《しょうぐんけまんどころ》を開設した承元三年（一二〇九）、十八歳にして「将軍親裁」を本格化させた。

「将軍親裁」とは、将軍をいわばオーナーとする将軍家政所という幕政の核となる政務機関で、将軍、筆頭別当の執権、他の複数の別当、令《れい》・知家事《ちけじ》などの職員が政治課題について審議し、その決定内容を将軍家政所下文という文書で命じる政治形態である。将軍自身が親しく裁許に関わる。ただし、将軍の独裁、専制ではない。無論、執権の独断で運営されるものでもない。これは組織を重視する義時の政治姿勢にも合致する。

現存文書だけでなく、『吾妻鏡』にも実朝の将軍親裁を示す記事は散見する。「仰せ」として記されたその内容は、大田文《おおたぶみ》（国ごとに作成する土地台帳）の調進令、神社・仏寺領の興行令、諸国御牧《みまき》の興行令、東海道の宿《しゅく》の新設令、京都大番役《おおばんやく》の推進令、橋の修理令、諸国鷹《たか》狩《が》りの禁断令など多岐にわたる。いずれも広域を支配する為政者が命じた政策といっていい。

為政者としての実朝の姿を伝えるのは、幕府が編纂した『吾妻鏡』ばかりではない。同時代史料である『六代勝事記《ろくだいしょうじき》』は実朝の治世を「風やはらかに、四海波た、ず」と評し、鎌倉中・後期の仏教説話集『沙石集《しゃせきしゅう》』の作者無住《むじゅう》は、将軍実朝に「賢王」「聖人の質《すがた》」をみいだした。そして、南北朝期の歴史物語『増鏡《ますかがみ》』は次のように叙述する。

この大臣は、大かた、心ばへうるはしくて、剛くもやさしくも、よろづめやすければ、ことわりにも過ぎて、もののふの靡《なび》き従ふさまも代々に越えたり。

「この大臣」とは、のちに右大臣に昇った実朝のことを指す。その大臣実朝は心の様子が美しく立派で、勇猛な点でも優美な点でもすべて申し分なかったので、武士たちが靡き従う様子は、頼朝はもちろん代々の父祖を超えていたというのである。まさに激賞である。

さらに、注目すべきは、実朝が神秘的な力によって人々から畏敬されていたことである。『吾妻鏡』には、実朝が夢の告げを得て未来を予言し、それが的中したという記事が多々ある。古代・中世の人々にとって夢は神仏の意思の表明であった。異様に高い夢告《むこく》の的中率は、神仏に通じる神秘的な力の持ち主として、実朝にカリスマ性を付与することになった。流人から挙兵して戦いの中から幕府を立ち上げた頼朝には「戦時のカリスマ性」があった。その頼朝を継いだ実朝には「平時のカリスマ性」があったといえよう。

将軍実朝と執権義時

では、将軍実朝と執権義時はどのような関係にあったのか。将軍家政所のオーナーである実朝を、筆頭の別当である執権義時が支えたのはいうまでもない。ただ、当初、経験豊かな年長者の義時は、青年将軍実朝を軽くみていたようである。主君とはいえ、嬰児の頃も幼少期も知っている二十九歳年下の甥である。ある程度それもやむを得ない。

承元三年（一二〇九）十一月のことである。義時は自分の「年来の郎従」を「侍」に準じるよう実朝から命じてほしいと要求した。「侍」とは将軍と主従関係を結んだ御家人の身分である。義時の従者に過ぎない「郎従」を「侍」に準じれば、幕府の身分秩序を崩すことになる。将軍親裁を本格的に始動していた実朝は断固として要求をはねつけた。義時は、若くして将軍の威厳をみせつけた実朝に気おされてしまった。もともと慎重な性格の義時である。以後、思い上がった発言を控えるようになる。実朝の器量に一目置いたのである。

両者の関係がより緊密になった契機は、建暦《けんりゃく》三年（一二一三、十二月に建保と改元）五月の和田《わだ》合戦だったと考える。和田合戦は、実朝と個人的に親しい関係にあった侍所別当、六十七歳の宿老和田義盛と相模・南武蔵の武士団が、相模国への影響力を強化する北条義時を排除しようとして起こした鎌倉初期最大の武力抗争である。結果は、将軍実朝の身柄を一瞬早く確保し、義盛と対抗関係にあった三浦義村を味方につけた義時側の勝利に終わった。

二日にわたって鎌倉で繰り広げられた激闘を通して、義時は実朝の軍事動員力、将軍の権威をまざまざとみせつけられた。一方、実朝も、危機的な状況で自分の命を救ってくれた中原広元、そして実朝のもとで軍事的な差配をした義時にいっそうの信頼を寄せるようになった。乱後、実朝は、義盛の死で欠員となった侍所別当に義時を任じた。

北条氏にとって最大最強のライバル和田氏が滅び、将軍と執権が互いに信頼し合う補完・協調関係が確立したことで、幕政は安定した。そうした中、建保四年（一二一六）、一つの転機が訪れる。治天の君後鳥羽上皇が、和田合戦後の混乱で一時的に停滞していた実朝の官位を上昇させ、積極的に支援する動きに出たのである。これを受けて実朝も将軍親裁の権威増大に取り組んだ。その一つが「政所別当九人制」である。

院庁下文《いんのちょうくだしぶみ》や摂関《せっかん》家《け》政所下文《まんどころくだしぶみ》は、十数人、時には二十人以上の別当が署判し、堂々たる格式と威厳を備えていた。実朝はそれまで五人だった別当に源仲章《なかあきら》、源頼茂《よりもち》、大内惟《これ》信《のぶ》、中原広元の四人を加え、政所の別当を九人に増員した。ただ、仲章・頼茂・惟信の源氏三人は後鳥羽の院近臣《いんのきんしん》でもあり、在京することが多かった。現存する将軍家政所下文にもほとんど花押を記していない。つまり、実質的には広元を加えたに過ぎないのである。したがって、別当の増員は堂々たる格式と威厳を備えることによって、将軍家政所の権威を増大させることが目的だったと考える。

では、そうした将軍実朝のもとで執権義時は何をしていたのか。官位の上昇は後鳥羽の支援によるものであり、将軍家政所下文の権威増大は幕府全体の権威増大につながる。本来、義時が口を挟んだり、反対したりすべきものではない。これまでみてきた義時の性格からすれば、将軍家政所で筆頭の別当として淡々と業務をこなしていたと考えるのが自然である。ところが、将軍と執権、源氏と北条氏は対立するものだという先入観や、承久の乱後の北条執権政治、得宗専制の在り方から遡って歴史を理解しようとする考え方にとらわれると、事実誤認に陥る危険性がある。とくに『吾妻鏡』の記事を鵜呑みにし、『吾妻鏡』に基づいて立論するのは危険極まりない。

北条得宗家と『吾妻鏡』

『吾妻鏡』は北条得宗家全盛の永仁《えいにん》年間（一二九三〜九九）に編纂された。そのため得宗家の支配の正当性を主張する傾向が顕著である。典型は、頼朝の正当な後継者は非業《ひごう》の死を遂げた頼家や実朝ではなく、北条泰時だとする主張である。泰時の父義時も、当然、敬意を払うべき存在ということになる。ところが、現実には、義時が執権を務めていた時、将軍の実朝が暗殺されるという一大不祥事が起きた。本来は、警備の最高責任者である執権の大失態である。にもかかわらず『吾妻鏡』は、義時が無事だったのは「戌神《いぬがみ》」の奇跡によるものだと主張し、執権としての責任には全く触れない。のみならず、暗殺の三年前頃から実朝に関わる不吉な記事を増やし、非業の死は遁《のが》れ難い宿命だったかのごとく叙述するのである。合理的に考えれば宿命でないことは明らかである。『吾妻鏡』の潤色に他ならない。

潤色の例は枚挙にいとまないが、実朝期における代表例は三つある。一つは建保四年（一二一六）九月、義時の意向を受けて使者となった広元が、近衛大将昇任を望む実朝を諫言《かんげん》したという記事である。広元は、権中納言《ごんのちゅうなごん》・近衛中将など現在の官職を辞し、征夷大将軍として年齢を重ねた後に大将昇任を望むべきだと諫めた。すると実朝は、「源氏の正統、この時に縮まりおはんぬ。子孫敢てこれを相継ぐべからず。しかれば飽くまで官職を帯び、家名を挙げんと欲す」、つまり源氏の正統は自分の代で終わった、子孫が継ぐことはない、だから自分が高い官職について家名を上げたいと思うと答えた。広元は何も返答できずに退出し、義時に報告したという。

従来は、この記事を論拠に、実朝は自分の死を悟っていた、また朝廷の官職に執着する、幕府の長にあるまじき将軍だったと評された。しかし、ここには不審点・矛盾点が多々ある。頼朝・頼家・実朝三代の将軍は摂関家とほぼ同格の扱いを受けていた。実朝が若くして大将に昇任するのは当然のことなのである。将軍と朝廷との関係を三代にわたって見続けてきた広元が知らないはずはない。ところが、広元は、近衛大将に昇るのは摂関家の子弟でなければあり得ないと語ったという。しかも、その広元が二年後の建保六年二月には、頼朝を超える左近衛大将昇任という実朝の望みを叶えるため、朝廷に使者を派遣することになる。矛盾も甚だしい。

また、実朝の現在の官職のうち権中納言は、この年の六月に後鳥羽の朝廷が補任したばかりであった。承久の乱によって朝廷と幕府の力関係が逆転した後の、『吾妻鏡』編纂当時ならばいざ知らず、建保四年の時点で、広元・義時といった一介の御家人が、後鳥羽の補任した官職を辞すよう将軍に進言することなどあり得ない。これらはいずれも、先の記事が『吾妻鏡』編纂者による事実の潤色であることを示唆するものである。

義時の官位

　そもそも朝廷の官位は武士たちにとって、平安期以来、大きな魅力であった。ステイタスを高める絶好のアイテムなのである。ただし、頼朝以降、将軍の推挙がなければ官位を手に入れることはできなくなった。そのため推挙を嘆願する御家人が後を絶たなかった。最も東国武士らしい東国武士と評される和田義盛も上総介《かずさのすけ》への推挙を望み、これが和田合戦勃発の遠因になった。その反省もあり、建保二年（一二一四）、実朝は官位推挙のシステム化を打ち出していた。

　こうした流れを前提に記事を読み直すと、これは実朝の官位昇任のことではなく、義時が広元を通じて自分の官職の推挙を懇願し、実朝に拒絶された話だったと解釈することも可能である。実朝の官位上昇をみた義時は、「従五位下《じゅごいのげ》」相当の相模守より格上の官職を望み、推挙を願い出たのではなかったか。

広元を使者に立てたのにもそれなりの理由があったと考える。広元はこの年の一月、実朝の推挙を受けて陸奥守《むつのかみ》に任官していた。陸奥守は、国々の中でも最上級の「大国」の国守であり、また何よりも頼朝の祖先である「嚢祖将軍《のうそしょうぐん》」源頼義《みなもとのよりよし》や「八幡太郎《はちまんたろう》」義家《よしいえ》らが任じられた、幕府にとっては名誉ある官職であった。さらに広元は、朝廷の勅許《ちょっきょ》が下りにくい改姓の申請も実朝に了承してもらった。実朝の後押しがあったおかげであろうが、申請からわずか三週間後の閏六月一日、無事に「中原」から「大江」への改姓の勅許が下りた。この広元を間に立てれば、話がスムーズに進むと踏んだからに違いない。

しかし、義時はこの年の一月、実朝の推挙により位階を「従四位下《じゅしいのげ》」に上げていた。これは当時の北条氏の極位《ごくい》（歴代最高の位階）である。それから一年も経たずに、今度は官職の昇任を望むとは官位に執着し過ぎているといえよう。そこで、実朝は義時の嘆願を拒絶した。広元が何も返答できずに義時に報告したとあるのは、このことを意味しているのではないか。ただ、義時と広元は実朝の将軍親裁を支える強力なスタッフである。考え直した実朝は義時の嘆願を認めた。その結果、翌建保五年一月、義時は晴れて相模守より格上で「従四位下」相当の「右京権大夫《うきょうごんのだいぶ》」に補任された。当時の北条氏の極官《ごっかん》（歴代最高の官職）である。

事実はこれに近いものだったのではないかと考える。しかし、頼朝の正当な後継者を泰時とし、得宗家の始祖を義時とする『吾妻鏡』編纂者が、これをそのまま記事にできるわけがない。そこで、誰もが知っている実朝の暗殺事件を念頭に、官職昇任を望む義時の姿や、いったんは将軍に拒絶された不名誉を隠蔽し、その上で、実朝は自らの死を予感していた、横死は宿命であったと強調したのであろう。実に巧妙な潤色である。

ちなみに、その後の義時と広元の官職であるが、広元は建保五年十一月、重い病にかかり、出家（法名は覚阿《かくあ》）して陸奥守を辞した。幸いにも広元はほどなく回復したが、陸奥守は欠員となった。そこで、実朝は同年十二月、「右京兆《うけいちょう》（右京権大夫の中国風の名称）」義時を朝廷に推挙し、陸奥守を兼任させることにした。『武家年代記』『鎌倉年代記』によれば、義時は承久の乱後の貞応《じょうおう》元年（一二二二）八月まで陸奥守、同年十月まで右京権大夫の任にあった。

唐船建造と進水失敗

では、次に『吾妻鏡』の潤色の二つ目の例をみてみよう。唐船《とうせん》建造の記事である。建保四年（一二一六）六月十五日、東大寺大仏を再建した宋人《そうひと》の技術者陳和卿《ちんなけい》が実朝に拝謁した。和卿《わけい》は感涙を流しながら、実朝の前世は宋《そう》の「医王山《いおうざん》」阿育王寺《あいくおうじ》の長老で、自分はその弟子だったと語った。この異様な話を信じた実朝は、十一月二十四日、義時・広元の反対を押し切り、巨大な「唐船」の建造を命じ、渡宋しようとした。ところが、翌年四月十七日、完成した唐船を由比浦《ゆいのうら》に進水させようとしたが海に浮かべることができず、巨体は浜に朽ち果てたという一連の記事である。『吾妻鏡』は、陳和卿の言葉を信じて唐船建造を命じた実朝の無謀さと、馬鹿げた計画に反対した義時・広元の慧眼《けいがん》を対比的に描くとともに、計画の失敗は実朝の不吉さの象徴であるかのように叙述する。ここに『吾妻鏡』の潤色の巧妙な仕掛けがひそんでいる。

従来、この唐船の記事と、先の「源氏の正統、この時に縮まりおはんぬ。子孫敢てこれを相継ぐべからず」という叙述を組み合わせ、幕政から遠ざけられて失望した実朝が日本脱出を図って渡宋を計画した、という説がまことしやかに唱えられてきた。まんまと『吾妻鏡』の仕掛けにはまったのである。また、そこには、和歌などの公家文化に耽溺した実朝は荒々しい東国武士から乖離し、幕政に関与できなかったという先入観も働いている。ただ、先に述べたように、和歌は政治のツールでもあった。これを有効に用いた実朝は治天の君の後鳥羽と信頼関係を結び、幕府と朝廷は安定した協調関係を築くことができたのである。

そもそも唐船建造を命じた十一月二十四日は、後鳥羽の支援によって現役の公卿《くぎょう》である権中納言《ごんのちゅうなごん》に任官した実朝が、初めて直衣《のうし》を着す晴れの儀式「直衣始《はじめ》」の翌日であった。まさに後鳥羽の朝廷の権威・権力を後ろ盾に将軍親裁を高揚させた時なのである。日本脱出を図る必要などあるはずもない。しかも、唐船の建造は順調に進み、五ヵ月足らずで巨大な船を完成させることができた。将軍権力がいかに強大であったかを如実に示すものである。

さらにいえば、進水式の場で総監督を務めたのは「右京兆（右京権大夫）」、つまり執権義時その人であった。義時もこの大プロジェクトを推進する側にいたのである。実朝が唐船建造を命じた当初、義時・広元が反対したという『吾妻鏡』の記述に目を奪われてはいけない。『吾妻鏡』の術中にはまるだけである。

確かに、義時・広元も当初は計画に反対したかもしれない。なぜなら、鎌倉で誰も目にしたことのない巨船を建造するという、莫大な費用と多数の人員を要する大プロジェクトだったからである。将軍親裁を支える政所別当としては、実現可能かどうかわからない上、失敗すれば多大な損失をこうむる計画に手放しで賛成するわけにはいかない。それでは職務に不誠実になってしまう。義時の慎重な性格からしても反対するのは当然であった。

先見性ゆえのプロジェクト

その義時や広元が賛成に回ったのはなぜか。それは、この唐船建造が実朝自身の渡宋のためではなく、将軍主導による宋との貿易を切り開くためだと知らされたからだと考える。当時、滑川《なめりがわ》の河口は数百メートル内陸にあり、由比浦は東西に広がる浜辺ではなく、船が停泊できる入り江「浦《うら》」になっていた。貞応二年（一二二三）の成立とされる紀行文『海道記《かいどうき》』は、数百艘もの船が停泊していて大津《おおつ》の浦のようだと記している。これらの船は他の地域と交易する中型船や釣り船のような小型船だったと思われる。

ただ、そうした海と港を日常的に目にしていた実朝が、将軍の権威・権力の高揚の中で巨船を建造し、宋との貿易に踏み出そうと考えたとしても不思議ではない。しかも、鎌倉の寿福寺《じゅふくじ》の長老は、二度の渡宋経験を持つ栄西《えいさい》《ようさい》であった。実朝はしばしば寿福寺を訪れ、栄西から宋の文物《ぶんぶつ》の話を聞いていた。実際、瀬戸内海や大阪湾には宋の唐船が来航し、盛んに貿易が行われていた時期である。唐船建造の目的が日宋貿易にあるという真意を知ら

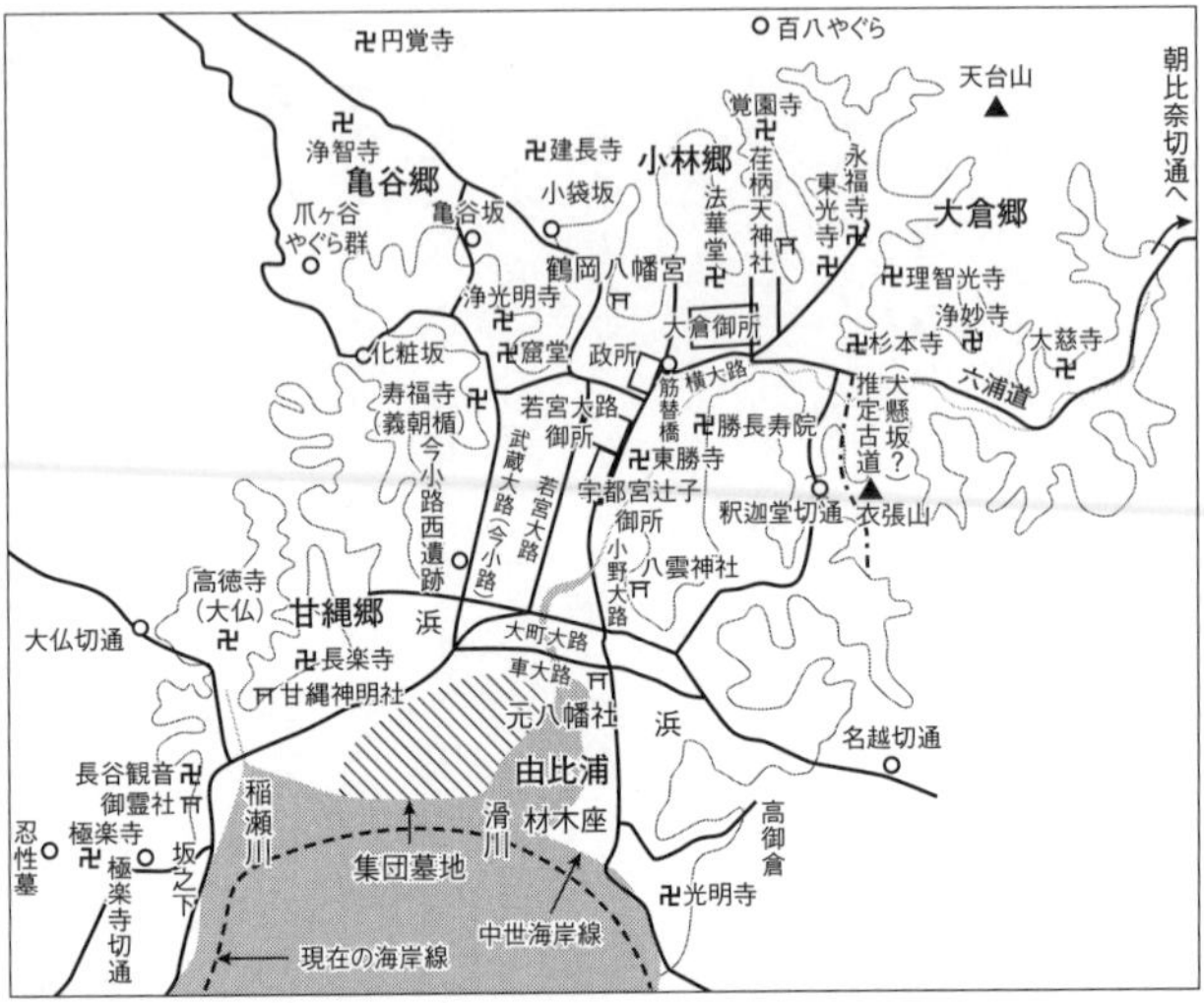

中世鎌倉図［前期（古代末～鎌倉時代後期）］（永原慶二監修、石上英一他編『岩波　日本史辞典』〔岩波書店〕をもとに作成）

されれば、義時や広元も鎌倉では前代未聞のプロジェクトに賛同する気になったのではないかと考える。

しかし、実朝は地道な調査を怠った。由比浦は遠浅の地形で、巨船の進水には不適切だったのである。無理もない。こうした調査は本来、技術者である陳和卿が行うべきだからである。十六年後の貞永《じょうえい》元年（一二三二）、三代執権泰時は、巨船の出入の煩《わずら》いをなくすため、由比浦の東のはずれに和賀江島《わかえじま》という人工島の港を新設した。以後、幕府主導による日宋貿易が行われるようになる。建保四年（一二一六）に三十四歳だった泰時は実朝の失敗に学んでいたのである。逆にいえば、実朝には先見性がありすぎたということである。

『吾妻鏡』はこうした事情には全く触れず、単に唐船建造による実朝の渡宋計画が無謀であり、失敗は不吉な凶事であるかのような叙述に仕立てている。無論、不吉・凶事ではない。しかし、高揚を続けてきた将軍親裁に汚点がついたことは確かである。とはいえ、その責任は将軍実朝一人に帰せられるべきものではない。陳和卿はもちろん、将軍親裁を支える執権以下の幕府首脳部にも責任があったことを忘れるべきではない。

『吾妻鏡』の潤色例の三つ目にして最も極端なものは、こうした実朝に関する不吉な事例をいくつも並べ立てた末、暗殺という最大の凶事が訪れた時に示される。この点は次章で述べる。ただ、その前に、実朝が唐船プロジェクトの失敗を一気に挽回する妙案を提起し、首脳部も一体となって汚名返上に努めた様相について、章を改めてみることにしよう。

第五章　承久の乱と北条氏

第一節　承久の乱への転換点

親王将軍という構想

建保五年（一二一七）当時、幕府は大きな問題を抱えていた。実朝の後継将軍問題である。すでに実朝は二十六歳になっていた。御台所が鎌倉に下着した元久元年（一二〇四）十二月からでも十二年以上の歳月が経っている。にもかかわらず、二人の間には一人の実子も生まれていなかった。しかも、通常の権力者と違い、実朝は御台所以外に妾《しょう》（側室）を持とうとしなかった。御台所は後鳥羽の従兄妹であり、後鳥羽の手前、妾を持つことが憚られたのは確かである。しかし、理由はそれだけではなかったと考える。実朝は、摂関家とほぼ同格の扱いを受ける自分と、後鳥羽の従兄妹にあたる御台所の間に生まれた子でなければ、後継将軍にはふさわしくないと考えていた、と推察されるのである。したがって、頼朝の血を引く頼家の遺児たちも、後継候補に挙げることはなかった。

また、頼家が後継者に指名した一幡は、比企の乱後、義時によって殺された。後に残された公暁・禅暁らも北条氏によって仏門に入れられた。頼家の遺児たちにとって北条氏は

官制体系図からみた朝廷と幕府

【朝廷】	【幕府】
「治天の君」後鳥羽院	
天皇	親王
摂政・関白	「将軍」源実朝
三位以上「公卿」	（従二位「源家家長」北条政子）
四位・五位「殿上人」「諸大夫」	「諸大夫」執権：北条義時
六位以下「侍」	「侍」地頭御家人

父と兄の敵《かたき》である。彼らを将軍に立てることは北条氏にとって危険であった。

　こうした手詰まりの状況を打開する策として、実朝が驚くべき構想を打ち出した。後鳥羽の親王を鎌倉に下してもらって将軍に立て、自分が補佐をするという親王将軍構想である。極めて畏れ多い構想であり、実現するかどうかも定かではない。しかし、後鳥羽の承諾を得られれば、後継将軍問題が解決するだけでなく、親王を推戴することで幕府の権威は著しく増大する。唐船プロジェクト失敗の汚名を返上することもできる。

　構想の発案者は実朝だったと考える。北条氏は、執権義時の極位が「従四位下」、極官が「右京権大夫」という中流貴族程度の身分であり、政子は頼朝の後家、将軍の生母とはいえ、無位無官の尼に過ぎない。後鳥羽との個人的つながりもない。ところが、実朝は摂関家とほぼ同格、つまり最上流の貴族と同等の身分である。しかも、後鳥羽から実名と御台所を賜り、和歌や蹴鞠を通じて個人的にも友好・信頼関係を築いてきた。後鳥羽の親王を将軍に推戴するなどという大それた構想を思いつけるのは、実朝以外にあり得ないのである。

実朝の提案を受けた義時らは驚愕したと想像する。が、ただちにこれを受け入れ、協力体制を敷いた。中心にいたのはもちろん執権の義時である。義時は、確かに政所の筆頭別当という御家人最上首の地位にあった。しかし、その地位は父を追放し、最強のライバル和田義盛を武力で倒した和田合戦によって獲得したものである。力はあるが、権威が足りない。それを補うため、義時は源家家長の姉政子と連携し、摂関家相当の身分を持つ将軍実朝を支え補佐していたのである。ところが、平和裏に親王が鎌倉に下向すれば、「王家」という至高の存在を支えることになる。義時の権威は増大し、地位を安定させることができる。

そもそも一般の地頭御家人からすれば、義時は将軍の命令を下達する将軍家政所下文に署判する幕府首脳部の一人である。国司・荘園領主の訴えを受け入れ、地頭の主張を退ける下文に署判することも少なくない。地頭が不満を覚える事態もあった。しかし、親王将軍という太いパイプを使えば、彼らの要望を後鳥羽の朝廷に届けることも可能となろう。実朝の構想は幕府首脳部の一人、執権義時にとっても多大なメリットがあったのである。

　無論、実朝にとっても大きなメリットがあった。至高の王家から親王を迎えれば後継将軍問題を解決できる上、親王将軍を補佐することで、前将軍としての権威・権力を保持したまま自由を手にすることができる。鎌倉を出て各地に足を延ばすことも、上洛して後鳥羽や院近臣、和歌の師である藤原定家らと和歌談議に花を咲かせることも可能である。さらに、下向する親王は御台所の従兄妹の子供である。彼女の心を安んずることもできよう。

　問題は後鳥羽がこの提案を受諾してくれるかどうかであった。建保六年一月、将軍実朝、執権義時、源家家長政子、宿老広元以下の幕府首脳部は政所で協議し、熊《くま》野《の》詣《もうで》を口実に政子が上洛して秘密裏に交渉を進めることに決した。賽《さい》は投げられたのである。

後鳥羽、快諾

　建保六年（一二一八）二月四日、政子・時房が鎌倉を発った。その後、大江広元（建保四年に中原から大江に改姓）が、頼朝を超える左近衛大将《さこんえのたいしょう》任官という実朝の希望を朝廷に伝えるため、十日と十二日の二度にわたって使者を発遣した。前章でも述べたが、この広元が二年前、大将昇任の望みを控えるよう実朝に諫言するなどあり得ない。『吾妻鏡』の潤色・改変は明らかである。朝廷は、三月六日、実朝を左近衛大将に任じ、左大将が兼ねる名誉職左馬寮御監《さまりょうごかん》に補任《ぶにん》する宣旨も下した。この年の一月十三日、実朝は頼朝の極官である権大納言に任じられており、左大将任官によって、右大将を兼任した偉大な父を超えることになった。

一方、入洛した政子は、後鳥羽の乳母として絶大なる権勢を誇っていた卿二位《きょうのにい》藤原兼子《けんし》と会談した。政子は実朝の意向を、兼子は後鳥羽の意向を代弁していたが、女性同士であるため非公式な会談となる。たとえ交渉が決裂しても痛手は少ない。が、心配は無用だった。兼子を通じて後鳥羽は提案を快諾する旨を伝えた。親王将軍推戴の交渉成立である。

なぜ後鳥羽はこんなにも早く快諾したのか。抜群のマルチな才能を誇る稀代の帝王の後鳥羽は、日本全土に君臨する治天の君であった。しかも、乗馬、弓射《きゅうしゃ》、水練《すいれん》（水泳）などに優れ、自ら刀剣の焼入れをするほど武芸にも通じていた。ただ、全国の軍事・警察の権能は、「唯一の武家の棟梁」「唯一の官軍」となった頼朝以降、幕府が掌握していた。西国《さいごく》守護を務める有力な在京御家人を院近臣並みに扱って配下に入れ、畿内近国の中小武士を西面《さいめん》の武士として組織してみたが、それでは全国の軍事力を我が物にしたとはいえない。

ところが、親王を将軍として幕府に送り込み、信頼する実朝に補佐させれば、労せずして平和裏に幕府本体の軍事力を自らのコントロール下に置くことができる。親王将軍と実朝を介して幕府を遠隔操作することで、治天の君・天皇のもとに政治権門の朝廷、宗教権門の寺社、軍事権門の幕府が並び立つ国家の体制、いわゆる「権門体制」を緩やかに完成させることができるのである。これは後鳥羽にとって極めて魅力的なメリットであった。

以上にみたごとく、親王将軍構想は、義時・実朝・後鳥羽三者三様にメリットがあった。だからこそ交渉は早期に合意に達したのであるが、それぞれの思惑には微妙なズレ・違いがあった。どこかに綻《ほころ》びが生じれば、たとえば実朝と御台所に男子が誕生すれば、あるいは実朝が殺害されれば、一気に破綻する危うい合意だったことも確かである。

驚異的な官職昇進

後鳥羽は、親王将軍交渉の使者となった政子に従三位《じゅさんみ》、さ

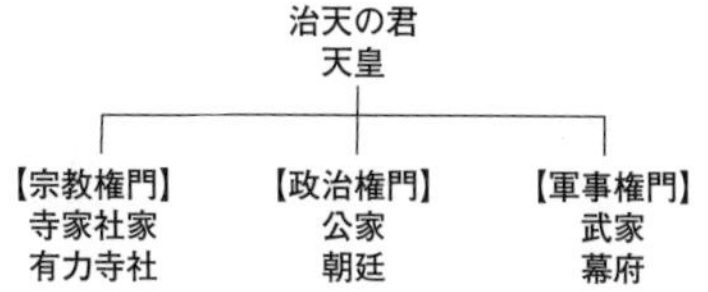

権門体制〈平安末・鎌倉前期の国家像〉
（坂井孝一『源氏将軍断絶』〔PHP新書〕をもとに作成）

らには従二位《じゅにい》の位階を授けて厚遇した。また、時房には後鳥羽主催の鞠会への参入を許し、時房の蹴鞠の技量を称賛した。鎌倉に戻った時房は、その時の感動を実朝に興奮交じりに語っている。

さらに、後鳥羽は実朝の官職を、親王を補佐するのにふさわしくなるよう驚異的なスピードで昇進させた。建保六年（一二一八）一月十三日に権大納言、三月六日に左近衛大将に任じた実朝を、十月九日、貴族たちでも破ることが難しい大臣の壁を易々と突破させて内大臣に任じ、その二ヵ月後の十二月二日には右大臣に昇進させた。右大臣は、太政大臣がほぼ名誉職となっていたこの当時、現役の公卿としては左大臣に次ぐ実質的ナンバー2であった。平清盛が太政大臣になったのとは次元の違う快挙である。

一年以内でのこうした昇進は驚異的であり、流布本の『承久記』が記すように、後鳥羽が実朝を「官打《かんう》ち」、すなわち身分不相応な官職に任じて相手を破滅させる呪詛《じゅそ》を行ったという説が生まれたほどである。しかし、これは実朝の暗殺、承久の乱を知っている後世の人間が勝手に唱えたものに過ぎず、後鳥羽は大真面目であった。稀代の帝王の息子を補佐する実朝は、それにふさわしい地位にいてもらわなくてはならなかったのである。

頼家遺児公暁の生い立ち

しかし、こうした親王将軍の擁立、実朝の驚異的な官職昇進に異を唱える人物がいた。頼家の遺児公暁《こうぎょう》である。公暁の母「賀茂重長《かもしげなが》の娘」は、頼朝の叔父源為朝《ためとも》の孫娘であった。父親の重長は三河国《みかわのくに》賀茂郡足助荘《あすけのしょう》を本拠とする三河源氏で、治承五年（一一八一、七月に養和と改元）に墨俣《すのまた》で平家軍と戦い、討死《うちじに》していた。頼朝は残された娘を建久年間（一一九〇～九九）の末頃、嫡子頼家の妻に選んだのである。

頼家には他に、比企能員の娘の「若狭局」という妻がいた。ただ、『吾妻鏡』は「賀茂重長の娘」を「辻殿《つじどの》」と呼んで頼家の「室《しつ》」すなわち正室と記し、「若狭局」は「妾《しょう》」つまり側室だったとする。血筋・家格からいって『吾妻鏡』は事実を記したものと考えられる。頼朝は「賀茂重長の娘」を頼家の正室にし、彼女が産む男児を頼家の嫡子にしようと考えていたのである。ところが、建久十年（一一九九）一月、頼朝が急死し、正治二年（一二〇〇）に公暁、幼名善哉《ぜんざい》が生まれた時、「賀茂重長の娘」には後ろ盾がいなくなっていた。そのため頼家は、乳母夫の能員の娘「若狭局」が産んだ一幡を嫡子扱いすることにしたのである。

その後、建仁三年（一二〇三）に起きた比企の乱で一幡が殺され、比企氏と何ら関係のな

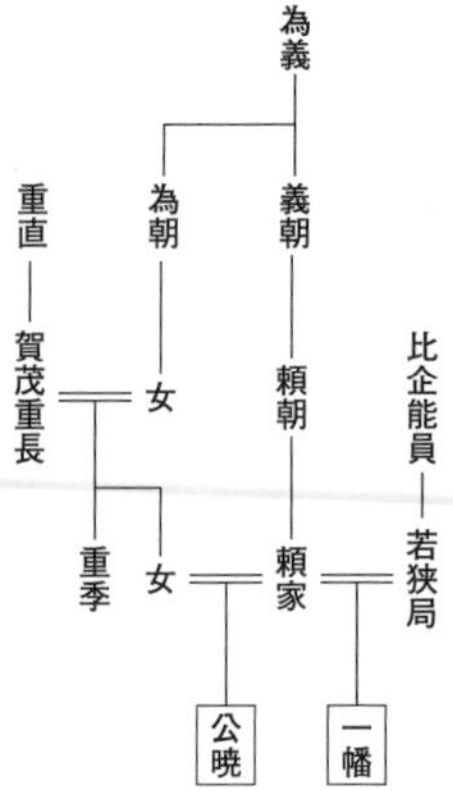

頼朝の子一幡と公暁の関係系図（坂井孝一『源氏将軍断絶』〔PHP新書〕を一部改変して作成）

かった善哉（のちの公暁）は、政子の計らいで鶴岡八幡宮の二代別当尊暁《そんぎょう》のもとに入室した。法名は亡父頼家の偏諱「頼」、師尊暁の「暁」を組み合わせた頼暁《らいぎょう》に決まった。また、政子は頼暁を将軍実朝の猶子《ゆうし》にして擬制的な親子関係を結ばせ、悲惨な最期を遂げた我が子の遺児を積極的に後援した。亡き夫頼朝が、頼暁を頼家の嫡子にしようと考えていたことを知っていたからであろう。

同様のことは大姫・乙姫《おとひめ》（三幡《さんまん》）の入内問題にもみてとれる。頼朝は、建久八年（一一九七）七月に大姫が亡くなった後、三幡を入内させようと計画した。しかし、実現できないまま頼朝が建久十年一月に急死すると、後家となった政子が三幡の入内を模索し続けた。同年六月三十日、三幡が十四歳で早逝したため入内は実現しなかったが、政子に頼朝の遺志を継ごうとする強い思いがあったことは認められよう。公暁の場合も同様である。

さらに、政子は幕府と関係の深い園城寺の高僧公胤《こういん》の弟子になれるよう計らった。頼暁は師から「公」の字を賜り、法名を公暁と改めた。園城寺では「公」を漢音の「こう」と発音する慣例があった。仏教界では漢字を呉音で発音するのが一般的であるため、公暁も「くぎょう」と読んだのだろうとされてきたが、「こうぎょう」もしくは「こうきょう」と読むのが正しい。

かくして二代将軍頼家の嫡子になるはずだった公暁は、園城寺で僧侶になる道を歩んでいた。ところが、建保四年（一二一六）閏六月、師の公胤が死去し、翌五年の五月には鶴岡八幡宮三代別当定暁《じょうぎょう》が死去した。そこで政子は、修行半ばの公暁を鎌倉に呼び戻し、四代別当にすることに決めた。本来は二代将軍の嫡子だった公暁にとって、人生をやり直す好機、すなわち実朝を亡き者にして自分が将軍になる好機が到来したのである。

実朝暗殺

建保五年（一二一七）六月、鎌倉に下向した公暁は三ヵ月半ほどの準備を経て、十月、鶴岡八幡宮の四代別当に就任した。時に十八歳である。しかし、そのまますぐに一千日、つまり三年余にわたる参籠《さんろう》を開始し、別当の業務もこなさず、人前にも顔を出さなくなった。実朝を死に至らしめる呪詛を続けていたものと思われる。

鶴岡八幡宮

一方、幕府は、翌建保六年一月から、将軍・執権・首脳部が一体となって、実朝の後継将軍に後鳥羽の親王を擁立するプロジェクトを密かに進め、後鳥羽の快諾を得ていた。六月、左大将《さだいしょう》に昇任した実朝は拝賀《はいが》の儀を盛大に行った。「拝賀」とは、官位を叙任した天皇や院に拝謁して感謝の意を示す儀礼である。ただ、鎌倉では鶴岡八幡宮に参詣して源氏の氏神に報告し、拝礼することで拝賀の儀に代えていた。後鳥羽は勅使を派遣して儀式に用いる牛車や高価な品々を下賜《かし》し、殿《てん》上人《じょうびと》も下向させて実朝を祝った。

こうした動きによって、人々は、一部の首脳しか知らなかった親王将軍推戴プロジェクトに気づき始めた。鶴岡の悪僧や、自分の乳母夫三浦義村の子の駒若丸《こまわかまる》などを使って、呪詛相手の動向を探っていたと思われる参籠中の公暁は、情報に接して驚き焦ったに違いない。親王が下向して将軍に推戴されれば自分の出る幕はない。呪詛による実朝の死を待っている余裕はなくなった。親王の下向前に実朝を殺さなくてはならない。しかも、確実に。それは自分のテリトリーである鶴岡八幡宮の境内に実朝が来た時だ。

十二月、実朝は右大臣に昇任した。拝賀の儀は翌建保七年一月二十七日に行われることになった。再び後鳥羽は牛車や装束、高価な調度などを下賜するとともに、今度は殿上人だけでなく公卿《くぎょう》も五人派遣してきた。熱の入れようは左大将拝賀の時を上回る。親王将軍誕生も間近に迫ってきたわけである。

年が明け、ついに一月二十七日がやってきた。その日は夜になって雪が降り、一晩で二尺（約六十センチメートル）も積もる大雪となった。雪がさほど積もる前の酉の刻（午後六時頃）、将軍御所を出た実朝の牛車は多数の御家人に守られ、公卿・殿上人を引き連れて鶴岡八幡宮境内に入った。牛車を下りた実朝は一人石段を上り、拝殿の奥深くで拝賀を行った。儀礼を終えて石段を下り、居並ぶ公卿・殿上人に誇らしく会釈をして歩いていた時である。突然、山伏の格好をした者が現れ、地面に長く伸びた下襲《したがさね》の裾《すそ》に乗ると、「ヲヤノ敵《かたき》ハカクウツゾ」と大声で叫んで実朝の頭を切った。実朝が倒れると頸を打ち落とし、そのまま頸を持って姿をくらました。公暁である。ほぼ同時に、同じような格好の者たちが、二列に並んだ殿上人の最後尾右にいた実朝の側近源仲章めがけて突進し、義時だと思って切り殺した。

以上は、『愚管抄』が記す犯行の一部始終である。著者の慈円《じえん》は、その場にいた公卿・殿上人の目撃情報をもとに迫真の叙述をしたのである。『吾妻鏡』も犯行の様子に関してはほぼ同じである。したがって、暗殺はこのように実行されたと考えていい。正二位《しょうにい》・右大臣・左近衛大将・左馬寮御監《さまりょうごかん》にして三代将軍の源実朝は、こうして命を落とした。享年二十八であった。

実朝暗殺において注目すべきは、公暁が人々の見守る中で犯行に及んだこと、切りつける際に大声で「ヲヤノ敵ハカクウツゾ」と叫んだことである。殺すだけが目的ならば、拝殿の奥深くで密かに実行した方が確実である。ところが、公暁はわざと人々の目に触れ、耳に聞こえる場で実朝を襲った。それは「親の敵討《かたきう》ち」と主張すれば、将軍殺害も正当化されると考えたからであろう。ただし、本当の「親の敵」は実朝ではない。義時である。また、親王将軍推戴プロジェクトを実朝とともに推進してきた義時を殺さなくては、たと

進行方向↑

殿上人10人

左	右
一条侍従能氏	藤兵衛佐頼経
伊予少将実雅	右馬権頭頼茂朝臣
中宮権亮信能朝臣	一条大夫頼氏
一条少将能継	前因幡守師憲朝臣
伊賀少将隆経朝臣	文章博士 仲章朝臣

前駆20人

左	右
藤勾当頼隆	平勾当時盛
前駿河守季時	左近大夫朝親
相模権守経定	蔵人大夫以邦
右馬助行光	蔵人大夫邦忠
右衛門大夫時広	前伯耆守親時
前武蔵守義氏	相模守時房
蔵人大夫重綱	左馬権助範俊
右馬権助宗保	蔵人大夫有俊
前筑後守頼時	武蔵守親広
修理権大夫惟義朝臣	右京権大夫 義時朝臣

官人2人

右大臣 源実朝

随兵10人

雑色20人

検非違使1人

御調度掛1人

御随身6人

公卿5人

左	右
新大納言忠信	左衛門督実氏
宰相中将国道	八条三位光盛
形部卿三位宗長	

随兵30人

路次随兵一千騎

源実朝右大臣拝賀行列次第

え自分が将軍になれたとしても安泰ではない。そこで、仲間の者に義時を狙わせたのである。

その義時は、拝賀の行列では、二列になって進む前駆《ぜんく》の最後尾右にいた。実朝の牛車のすぐ前の位置である。公暁たちはしっかりと確認したであろう。ところが、『愚管抄』によれば、義時は実朝から「中門ニトゞマレ」と命じられ、拝賀を終えた実朝が石段を下りて来た時には、他の前駆の人々とともに遠く離れた中門付近に待機させられていた。一方、義時と間違えられた源仲章は、不幸にも殿上人の行列の最後尾右、つまり前駆の行列の義時と同じ位置にいた。暗闇の中、顔を正確に見分けるのは難しい。そこで、その場にいる人々の最後尾右が義時だと信じ込んでいた公暁の一味によって切り殺されてしまったのである。気の毒な話である。

『吾妻鏡』最大の潤色

犯行そのものに関する『吾妻鏡』の記述は、先にも述べたように事実に近いと考えられる。ところが、犯行の前後に不吉な異変の記事を配し、実朝の横死は宿命であるかのような印象を与えている。まず、実朝が御所を出る時である。なぜか涙が止まらなくなった広元が、束帯《そくたい》の下に防具の腹巻《はらまき》を着けるように進言した。しかし、殺されることになる仲章が、大臣・大将に昇進した人にそのような例はないと口を挟んだため、腹巻を着けるのをやめた。次いで結髪《けっぱつ》の公氏《きみうじ》に、実朝は自ら鬢《びん》の毛を抜き、形見だといって与えた。その後、庭の梅をみて一首の和歌を詠んだ。

出《いで》テイナバ　主《ぬし》ナキ宿ト　成《なり》ヌトモ　軒端ノ梅ヨ　春ヲワスルナ

自分がここを出ていってしまったら、主人のいない家となってしまうが、軒端の梅よ、毎年、春を忘れずに咲いておくれという意味である。自らの死を悟っているかのような和歌であり、『吾妻鏡』は「禁忌《きんき》の和歌」と記している。死を覚悟していた悲劇の貴公子という、従来の実朝像を描き出す根拠になった歌でもある。ただ、本当に実朝が詠んだ歌だったかどうか確証はない。さらに御所の南門（正門）を出る時、八幡神の神使である鳩《はと》が異様に鳴きさえずり、実朝は牛車を下りる時、剣を突き折ってしまったという。

　中世の人々は大きな凶事が発生した時、不吉な予兆があったはずだと考え、現代人からみれば取るに足りない出来事を問題視するのが常であった。それを『吾妻鏡』が採用したともいえる。しかし、義時に起きた異変の記述は、それとは別物である。

実朝が楼門《ろうもん》に入ったあたりで義時は気分が悪くなり、御剣を持つ役を仲章に交代してもらって自邸に帰った。そのおかげで義時は難を逃れ、仲章が殺されたとするのである。しかも、続きがある。前年の建保六年、霊夢の告げを信じた義時は、弟の時房や子の泰時が反対したにもかかわらず、私費で大倉《おおくら》薬師《やくし》堂《どう》という堂宇《どうう》を建てた。拝賀の儀では、霊夢に出てきたような白い犬が傍らにいるのをみて気分が悪くなり、退出したのであるが、仲章が殺されたまさにその時、戌神像は堂の中にいなかったという。義時の命を救った戌神の奇跡である。現代人にとっては信じ難い話であるが、中世の人々には通用したのであろう。

ただし、話はそれほど単純ではない。『愚管抄』によれば、先に述べたように、義時は実朝の命令で中門に待機させられていた。『吾妻鏡』編纂者がこの事実をそのまま叙述すれば、北条得宗家の始祖たる義時は、将軍の右大臣拝賀という重大な儀式で、公卿・殿上人よりもはるかに下がった位置に据え置かれる存在に過ぎなかった、という印象を与えることになってしまう。そんな叙述はできない。そこで、戌神の奇跡を持ち出して事実を潤色したのだと考える。

無論、公卿・殿上人の前を右大臣として誇らしく歩むことを優先した実朝に油断があったことは確かである。しかし、執権たる者、将軍の臨む儀式が安全に執り行われるように万全を期す責任がある。奇跡によって命拾いしたことを表に立てて責任問題に言及しないのは、やはり北条得宗家の始祖を守るための『吾妻鏡』の潤色といわざるを得ない。

黒幕はいたのか

ただ、皮肉なことに、この潤色によって、近世以降、義時は暗殺の黒幕扱いされるようになった。わざと自分が狙われたかのように装い、黒幕であることを隠したというのである。無論、そんなことはあり得ない。実朝と一体になって親王将軍推戴を目指していた義時が、プロジェクトの成就目前にすべてをご破算にする挙に出るはずがないからである。

また、公暁は犯行後、乳母夫の三浦義村のもとに、実朝を討って「将軍の闕《けつ》」ができた、自分を将軍に立てるよう取り計らえと使者を送って伝えた。そのため、黒幕は拝賀の儀に参列しなかった義村で、公暁を使って義時を殺し、北条氏を倒そうと目論んだとする説も唱えられ、一時、有力視された。しかし、義村は即座に使者の件を義時に伝え、義時の命《めい》を受けて公暁を誅殺した。そもそも和田合戦のような義時打倒の好機ですら、同族の和田義盛を裏切って義時方についた義村である。一貫して北条氏側に立ち、義時と政子に協力することで三浦氏の発展を図っていたとみるべきである。

なお、拝賀の儀に義村が参列しなかったのには理由がある。前年の左大将直衣始の儀で、一族の長江明義《あきよし》と行列の立ち位置をめぐってトラブルを起こし、実朝の怒りを買っていたのである。より重要な右大臣拝賀では自宅待機を命じられていたと考えられる。したがって、義村の拝賀への不参加を黒幕説の根拠とすることはできない。要するに、実朝暗殺は、自分こそ頼家の嫡子であり、将軍になるべきだと考えた公暁が、親王将軍推戴の動きに追いつめられ、ごく一部の者とともに起こしたほぼ単独の犯行だったといえるのである。

事件後の幕府

その日のうちに、政子は公暁の一味を糾弾《きゅうだん》するよう命令を下した。政子の怒りと悲しみは極限に達していた。当然である。長女（大姫）と次女（三幡）を病で亡くし、長男頼家とその子一幡には、比企・北条の対立から非業の死を迎えさせてしまった。その上、右大臣という破格の地位に昇った自慢の次男実朝が、憐憫をかけて後援してきた孫の公暁に殺されたのである。我が子を失った悲しみと絶望、裏切られたことに対する怒りと失望、いいようもない感情が沸き起こったに違いない。政子は熱い女なのである。そして、強い女であった。
政子の命令で鶴岡の供僧《ぐそう》たちも捜査された。しかし、『吾妻鏡』によれば、共犯者といえる僧侶はほとんどいなかった。こうした記述から、北条氏が事件の隠蔽《いんぺい》を図ったという説も唱えられたが、説得力に欠ける。むしろ、将軍殺害という大それた計画に賛同する者は、さすがに少なかったと考える方が自然である。

正二位・右大臣・左近衛大将・左馬寮御監という、武士ではとうてい考え難い高位高官に昇り、幕府の創始者頼朝をも超越した三代将軍実朝の突然の横死は、人々に多大なる衝撃を与えた。『吾妻鏡』によれば、翌日には武蔵守大江親広《おおえのちかひろ》、左衛門大夫《さえもんのたゆう》長井時広、前駿《さきのする》河守《がのかみ》中原季時《すえとき》、秋田城介《あきたじょうすけ》安達景盛《かげもり》、隠岐守《おきのかみ》二階堂行村《ゆきむら》、大夫尉《たゆうのじょう》加藤景廉《かげかど》以下、百余名もの御家人が哀傷に堪え切れず出家したという。『愚管抄』も七、八十名もの出家者が出たと記しているので、多数の御家人が実朝の死を悼んで出家したことは間違いない。頼朝が急死した時でさえ、出家したのは四、五名ほどであった。実朝がいかに大きな存在であったか、いかに御家人たちの支持を得ていたかを如実に示すものである。

その大きな存在が突然いなくなったわけであるから、執権義時をはじめとする首脳部の動揺ははかりしれなかった。それでも事件のあった翌二十八日の明け方には、実朝横死を知らせる使節を京都に発遣した。また、義時は、公暁に加担しなかった鶴岡の僧侶の本坊を安堵して、仏事や神事が滞りなく行われるよう復旧に努めた。

二月九日、京都から戻った使節が、洛中で騒ぎが起き、後鳥羽が禁制を出したことを報告した。十三日には「禅定二位家《ぜんじょうにいけ》」すなわち従二位の位階を持つ尼の政子が、後鳥羽の皇子「六条宮《ろくじょうのみや》」雅成《まさなり》親王か「冷泉宮《れいぜいのみや》」頼仁《よりひと》親王のどちらかを早急に下向させてほしいと伝えるため、九人の政所別当の一人二階堂行光《ゆきみつ》を上洛させた。宿老の御家人たちが連署した奏状《そうじょう》も添えた。急いで実朝に代わる将軍、しかも稀代の帝王後鳥羽の皇子を将軍に立てなければこの難局を乗り切ることはできないと、政子・義時はもちろん、宿老たちも考えたのである。翌十四日、京都警固のため伊賀光季《みつすえ》を、二十九日には政所別当の一人だった大江親広も上洛させた。こうした首脳部の慌てぶりをみても、公暁を操った黒幕がいたとは考えられない。

実朝横死の影響は別の形でも表れた。二月十五日、駿河国で全成《ぜんじょう》の遺児阿野時元《あのときもと》が謀叛を起こしたとの報が届いた。さっそく首脳部の求心力低下が表面化したのである。四日後の十九日、「禅定二品《ぜんじょうにほん》」政子の命令により、「右京兆《うけいちょう》」義時が軍勢を駿河に派遣し、二十二日には時元を自殺に追い込んだ。他にも謀叛を起こす者が出る可能性があり、首脳部は先手を打って危険分子を誅殺していく方針をとることにした。

政子・義時の変貌

事件後の幕府の動向からわかるのは、将軍実朝に代わる幕府の顔、御家人たちを束ねる存在が「禅定二位家」政子になったということである。政子は建保六年(一二一八)、従二位に叙されて公卿相当の身分を得た。それまでは頼朝の後家、将軍生母、源家家長ではあるが、無位無官の尼に過ぎず、対外的に幕府を代表する立場ではなかった。しかし、正二位・右大臣・左近衛大将・征夷大将軍の実朝が死去した今、幕府を代表するのは従二位の位階を持つ政子しかいなかった。無論、政子は御家人たちの主君ではない。その点では実朝と本質的に異なる。ただ、その強烈な個性とこれまでの歩みによって、御家人たちをまとめ、従わせる魅力とオーラを持っていた。緊急事態の中で政子は「尼将軍」へと変貌を遂げる。それはのちに「二位の尼の御時」と呼ばれる時代の到来にほかならなかった。

義時はどうか。実朝が殺された二週間ほど後の二月十四日、将軍家政所が失火によって焼失した。オーナーである将軍が横死し、政所そのものも焼失したことで、将軍家政所下文は発給されなくなった。代わって義時が、建保七年三月二十六日付の「関東御教書案」

を「右京権大夫平《たいら》」の単署で、同年四月二十七日付の「北条義時袖判下文《そではんくだしぶみ》」を袖判（文書の右の余白、本文が始まる前の位置に記す花押）で発給している。内容は、前者が幕府と関係の深い京都にある六条若宮《ろくじょうわかみや》の別当職の譲与安堵である。本来ならば政所下文か関東下知状を用いる事案であるが、実朝の没後である上、六条若宮が醍醐《だいご》寺《じ》三宝院《さんぽういん》の管轄下にあったため、連絡事項を伝える関東御教書を用いて譲与安堵の承認という形をとったと考えられる。後者は北条氏領内の地頭代職の安堵である。

建保七年、四月に承久元年（一二一九）となったこの年の前半には、義時の発給文書はこの二通しか確認できない。他の文書が現代に伝わっていないだけなのかもしれないが、この二通をみる限り、まだ義時が幕政全般を掌握しているとはいえない。ただ、『吾妻鏡』には、先にみたように、鶴岡の僧侶に対し、本坊を安堵して仏神事を滞りなく執行する体制を作らせ、謀叛には軍勢の派遣を指示するなど、重要事項を義時が差配したという記事がみえる。緊急事態の中で、義時もまた変わらざるを得なかったのである。

無論、その心の内は複雑だったであろう。実朝に命じられるままに中門付近で控えていたことへの後悔、もっと厳重な警備を敷くべきだったという反省があったことは想像に難くない。また、自分が支えてきた権威ある存在が目の前から消えた喪失感、支えるべき主君がいなくなったことで、執権としての自らの権威も失墜するのではないかという恐怖、動揺もあったろう。頼朝が急死しても頼家がいた。頼家が追放・殺害されても実朝がいた。しかし、今度ばかりは実朝に代わる主君はいない。初めての経験である。この難局をいかにして乗り切るか。政子を表に立てつつ、自分はなりふり構わず全力で幕政を取り仕切る。その覚悟が必要であった。「何をしているのかみせない男」だった義時は、運命の巡り合わせによって「何をしているのかみせなくてはならない男」へと変貌せざるを得なかったのである。

承久元年九月からは、義時が単独で「右京権大夫平」と署判した関東下知状が発給されるようになっていく。内容も地頭職・下司職の補任による所領安堵や、訴訟の裁許であり、実朝が生きていた時には将軍家政所下文で命じていた内容である。将軍不在の異常事態の中で、「尼将軍」政子の弟として、また御家人筆頭の執権として義時が実質的に幕政を取り仕切るようになったことがわかる。ついに義時は歴史の表舞台に立った。

朝幕の友好・協調関係の終焉

政子・義時が変貌を遂げる上で、極めて重要な意味を持つ出来事が、実朝横死後三ヵ月ほどで立て続けに起きた。二月十三日に親王下向を要請する使者を政子が上洛させたことは先に述べた。これに対し後鳥羽が態度を一変させたのである。信頼していた現将軍の実朝を、こともあろうに前将軍の遺児が殺害するという、信じ難い幕府の危機管理の甘さに怒りと不信感を抱いたのである。後鳥羽にしてみれば、我が子をそんな場所に送り込むわけにはいかない。そもそも朝幕の合意は、実朝が親王将軍を補佐することが前提であった。前著で述べたように、実朝が生きているからこその親王将軍であり、実朝が生きていることが真に源氏将軍を断絶させることだったのである。しかし、その前提が崩れた以上、後鳥羽が親王を鎌倉に下向させることはあり得なかった。

しかも、後鳥羽は次の一手を打ってきた。三月九日、弔問のため鎌倉に下向した勅使藤原忠綱《ただつな》が政子亭で弔意を述べた後、義時亭に移り、摂津国長江荘《ながえのしょう》・倉橋荘《くらはしのしょう》に置かれた地頭を改補《かいほ》せよという後鳥羽の院宣《いんぜん》を伝えたのである。長江・倉橋荘は神崎《かんざき》川・猪名《いな》川が合流する地にあった荘園で、交通の要衝に置かれた地頭職《じとうしき》を放棄するように要求したのである。

幕府とは、鎌倉殿と御家人が「御恩」と「奉公」によって緊密な主従関係を結んだ組織である。地頭職は御家人たちが鎌倉殿から与えられる「御恩」の根幹であり、よほどの罪・咎を犯さない限り没収されることはない。しかも、長江・倉橋荘の地頭は北条義時その人であった。ひょっとすると、後鳥羽は将軍の暗殺を防げなかった執権の責任を追及しようとしたのかもしれない。ただ、暗殺者は公暁である。義時は地頭職改補に値する罪を犯したわけではない。後鳥羽は責任追及を装いながら、義時や幕府首脳部が自分の要求・命令に従うかどうか試そうとしたのだと考える。

　義時以下の幕府首脳は、連日、政子亭で激論を交わした。その結果、後鳥羽の要求を拒絶するとともに、親王の早期下向を要請するという結論に達した。そして、義時の弟で政所別当の一人だった時房が、三月十五日、千騎を率いて鎌倉を発った。幕府の返答を聞いた後鳥羽は、無論、激怒した。これにより、実朝期に盛り上がりをみせた朝廷と幕府の友好・協調関係は終焉を迎えた。実朝暗殺は、時代の一つの転換点になったのである。

　ただ、後鳥羽は、政子・義時が自分の意向に従わないことに腹を立てたものの、まだ敵視するところまではいっていなかった。『愚管抄』によれば、「関白摂政ノ子ナリトモ、申サムニシタガフベシ」、つまり親王は駄目だが、関白や摂政の子であっても、幕府が将軍として下向させてほしいと要請してくれれば許可するといったという。この情報を得た三浦義村が奔走し、父方・母方双方から頼朝の血をわずかに継ぐ二歳の幼児三寅《みとら》（のちの頼経《よりつね》）、

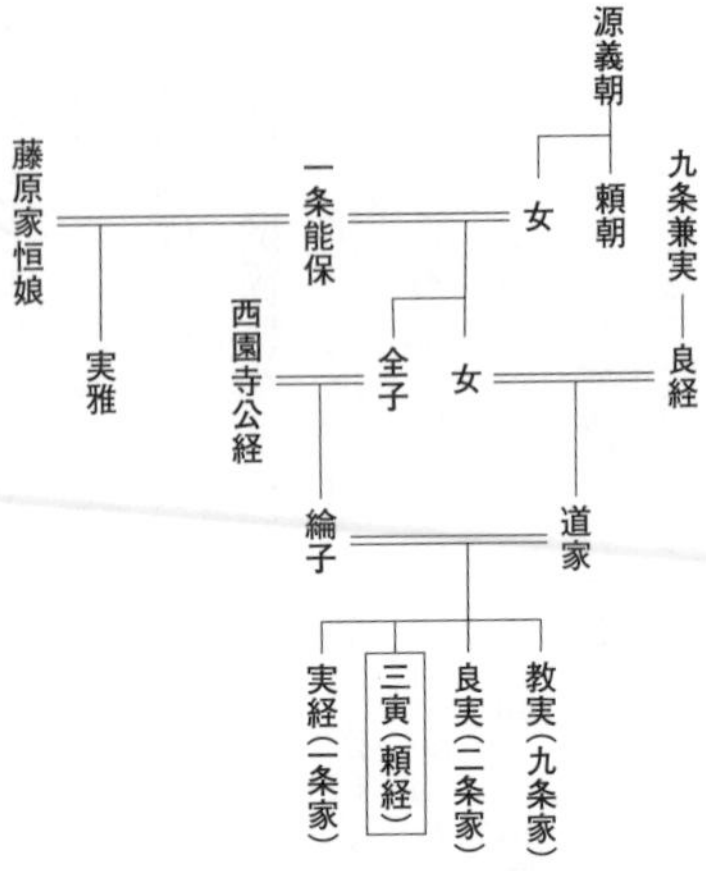

三寅（九条頼経）関係系図（日本史史料研究会監修、細川重男編『鎌倉将軍・執権・連署列伝』〔吉川弘文館〕をもとに作成）

すなわち摂関家九条道家《くじょうみちいえ》の子を将軍予定者として鎌倉に迎えることに成功した。

　なお、『吾妻鏡』は四月一日から七月十八日まで、すなわち七月十九日の三寅の鎌倉下着直前までの記事が欠けている。ただ、ほぼ同時代の史料である『愚管抄』から、三寅の鎌倉下向に決定的な役割を果たしたのが三浦義村だったと判明する。その義村の嫡子泰村《やすむら》は、宝治《ほうじ》元年（一二四七）六月の宝治合戦で北条氏・安達氏によって一族もろとも滅ぼされた。北条得宗家を顕彰する『吾妻鏡』は、北条氏が滅ぼした三浦氏の活躍をあまり記さない傾向にある。建暦三年（一二一三）五月の和田合戦でも、義村の活躍を義時の行動であったかのごとく書き換えているのである。三ヵ月半の記事の欠如は、幕府内の混乱を隠す意味があったのであろうが、三寅の下向交渉に最も貢献したのが義村だったと記したくなかったという意味もあるのではないか。

『吾妻鏡』の記事が再開する承久元年（一二一九）七月十九日条によれば、午の刻（正午頃）に鎌倉に着いた三寅は、「右京権大夫《うきょうごんのだいぶ》」義時の「大倉亭」に入った。酉《とり》の刻（午後六時頃）に「政所始《まんどころはじめ》」が行われ、「二品禅尼《にほんぜんに》」政子が「理非《りひ》を簾中《れんちゅう》で聴断《ちょうだん》」することになった。以後、幕政は「尼将軍」政子のもと、その弟であり執権である義時を実質的なトップとする、有力御家人たちの集団指導体制によって運営されていく。

義時の署判の変更

この新たな体制では、執権義時が単独で署判した文書が決定事項の下達に用いられた。注目したいのは義時の署判の変化である。「右京権大夫」という署判は承久二年（一二二〇）七月二日付の「北条義時書状」が最後であり、二ヶ月後の九月三日付「関東下知状案」以降は「陸奥守」へと変わるのである。ただ、義時は右京権大夫を辞したわけではない。前節で述べたように、辞任は承久の乱後の貞応元年（一二二二）十月であり、承久二年段階では従四位下相当の右京権大夫と、従五位上相当の陸奥守を兼任していた。ところが、義時は文書発給の責任の所在を示す署判に、三階級も格下の「陸奥守」を用いるという変更を行ったのである。これはどうしたことであろうか。
『吾妻鏡』は承久二年七月から九月にかけての記事が極めて少なく、関連する記述もない。他にもこれといった史料はみあたらない。また、文書の内容が、その前後で変化したということもない。署判変更の背景・理由を定かにすることは難しい。

ただ、手がかりがないわけではない。承久二年七月から九月にかけてという時期は、三寅の鎌倉下着から約一年後だからである。この間、政子は「尼将軍」として幕府の顔になってはいたが、御家人たちの主君ではない。御家人たちにとっては主君として担ぎ上げる存在が不可欠であり、わずかながらでも頼朝の血を引く三歳の三寅は最適であった。そこで、幕府は、承久二年四月、対抗馬になり得る頼家の遺児禅暁《ぜんぎょう》を京都で殺害するなど、三寅の立場の安定化に努めた。その結果、承久二年七月頃には、形式的に三寅を主君とし、「尼将軍」政子のもとで、実質的に執権義時が率いる幕府の体制は安定するに至ったと思われる。『門葉記《もんようき》』（延暦寺青蓮院《しょうれんいん》の記録の集大成）によれば、承久二年八月二十七日には、「関東若公《わかぎみ》の御祈りとして」災厄を祓《はら》い、福徳を招き、国土安穏を祈る密教の修法《しゅほう》「四天《してん》王法《のうほう》」を康楽寺《こうらくじ》で修させている。義時の署判変更は、こうした体制の安定化に伴う措置だったと考えることができるのではないか。

確かに、右京権大夫は当時の北条氏の極官である。ただ、第四章第二節で述べたように、これは義時が実朝に推挙を懇願して朝廷から任じられた官職である。一方、陸奥守は、頼朝の祖先「曩祖《のうそ》将軍」頼義や「八幡太郎」義家が任官した、幕府にとって特別な官職である。さらに、鎮守府将軍だった奥州の覇者藤原秀衡も任じられており、征夷大将軍には及ばないものの、東国の武士社会で大きな権威を持っていた。こうしたことから、義時は京都の右京職《うきょうしき》の長官たる「右京権大夫」ではなく、東国で大きな権威を発揮してきた、頼義・義家以来の「陸奥守」こそ、新たな幕府を率いる者の肩書にふさわしいと判断したのではなかったか。そこには、右大臣実朝の幕府はもちろん、晩年に前右近衛大将という肩書を用いた頼朝の幕府からも脱却しようとする志向性を認めることができよう。それはまた、幕府を、義時が生まれ育った東国に根を張る武士たちの政権にしようとする志向性でもあった。

第二節　承久の乱における北条氏

後鳥羽の決意

三寅の鎌倉下向中のことであるが、京都では後鳥羽を悩ませる大事件が起きていた。実朝の後継を狙っていた摂津源氏の名門源頼茂《よりもち》が謀叛を計画しているとの風聞がたち、後鳥羽は在京御家人の申請を受け入れ、頼茂追討の院宣を出した。ところが、大内《おおうち》守護の要職を務めてきた頼茂は大内裏《だいだいり》に籠もって応戦し、最後には火を放って自害した。これにより、承久元年（一二一九）七月十三日、大内裏の主要部分と多数の宝物が焼失してしまった。

かつて後鳥羽は、平家が三種の神器とともに都落ちしたため、神器なき践祚を余儀なくされた。そこで、常に「正統な王」とは何かを追求する宿命を負っていた。勅撰集の『新古今和歌集』を自ら中心となって編纂したのも、琵琶《びわ》の秘曲の伝授を受け、霊力ある宝器「玄上《げんじょう》（玄象）」を弾奏したのも「正統な王」になるための営みにほかならなかった。

その後鳥羽であるから、「正統な王」の象徴ともいえる大内裏の焼失はショックだった。頑健な肉体と強靭な精神を誇る治天の君が一ヵ月半も寝込んだほどである。病床にあって後鳥羽は、追討の院宣を出したことを後悔するとともに、またしても将軍の地位をめぐる内紛によって、許し難い不祥事を起こした幕府に敵意を募らせたであろう。

しかし、何よりもまず大内裏を再建せねばならない。十月、病が癒えた後鳥羽は猛然と立ち上がった。大内裏再建プロジェクトから承久の乱への過程は、旧著『承久の乱』でも力を入れて詳述したところである。本書では簡潔にその内容をまとめるにとどめたい。

後鳥羽天皇像（水無瀬神宮蔵）

まず問題は、再建にかかる莫大な費用である。これを後鳥羽は「造内《ぞうだい》裏役《りやく》」という一国平均役《いっこくへいきんやく》を課すことで捻出《ねんしゅつ》しようとした。わかりやすくいえば全国規模の大増税である。

当然、各地で増税拒否の動きが起きた。承久二年三月頃から、貴族や大寺社などの荘園領主をはじめ、国司のような朝廷の関係者、幕府の任じた地頭に至るまで、「造内裏役」の納入に抵抗したのである。しかも、後鳥羽に近い有力者だけは免除されるという特例が反発に拍車をかけた。再建に前のめりになる後鳥羽は苛立ちを隠せなかった。

　とくに後鳥羽が許せなかったのは、大内裏焼失の原因を作った幕府が再建に協力しないことであった。在京御家人の攻撃によって、幕府の政所別当であった源頼茂が火を放ったのである。にもかかわらず、義時が率いる幕府は、地頭たちの「造内裏役」拒否に目をつぶっている。建暦二年（一二一二）、閑院内裏《かんいんだいり》（藤原冬嗣《ふゆつぐ》邸「閑院《かんいん》」を受け継いだ藤原公季《きんすえ》の邸宅を改修した、紫宸殿《ししんでん》・清涼殿《せいりょうでん》を備える本格的な里内裏《さとだいり》）の造営に積極的に協力した実朝の幕府とは大違いである。

　しかも注目すべきことに、後鳥羽は先に述べた義時の署判変更の情報も把握していたと思われる。『承久記』が義時を「右京権大夫」「権大夫」と記していることから、朝廷は義時の署判変更に気づいていなかったかのように誤解しがちである。ところが、後にみる「義時追討の官宣旨」では「陸奥守平義時朝臣」と明記している。義時の真意までは理解していなかったであろうが、義時が率いる幕府が、朝廷に友好的だった実朝の幕府とは異なる、東国を拠点とした幕府になりつつあることを敏感に察知したのではないか。

もはや我慢がならない。殿舎の完成を待たずに再建を中断してでも、問題の元凶を除くべきである。義時を排除して、幕府本体の組織と軍事力を直接後鳥羽のコントロール下に置くことが急務である。ついに後鳥羽は決意した。その時期は、諸史料から承久二年七月後半と考えられる。承久の乱に向けて後鳥羽は走り出した。

承久の乱勃発

承久二年（一二二〇）後半から翌三年前半にかけて、後鳥羽は密かに準備を進めていった。承久二年十月十八日、最勝四天王院《さいしょうしてんのういん》を調伏の堂へと衣替えするための上棟《じょうとう》に着手し、十一月五日には順徳《じゅんとく》天皇の皇太子、二歳の懐成《かねなり》親王の着袴《ちゃっこ》の儀をあげた。これは順徳が譲位して自由な身になり、後鳥羽に協力するための準備であった。八日には、翌年の譲位が何の煩《わずら》いもなく挙行できるよう、後鳥羽は自身の厄運を避けるため太上天皇《だじょうてんのう》の尊号を辞退した。

一方、承久二年十月、久方ぶりに鳥羽の城南寺《じょうなんじ》に御幸《ごこう》し、以後、武士を集めてしばしば流鏑馬《やぶさめ》や笠懸《かさがけ》を行った。「慈光寺本《じこうじぼん》」の『承久記』（以下、「慈光寺本」と略記）は、承久の乱の直前、後鳥羽が「来《きたる》四月廿八日城南寺ニシテ御仏事アルベシ。守護ノ為ニ甲冑ヲ着シテ参ラルベシトゾ催《もよおし》ケル」、「古活字本」の『承久記』は「鳥羽ノ城南寺ノヤブサメソロヘト披露シテ、近国ノ兵共《つはものども》ヲ召サレケリ」と叙述する。城南寺の仏事または流鏑馬を口実に武士を集めたのである。挙兵のリハーサルであろう。それをカムフラージュするため、承久二年の十月頃から御幸を繰り返した。なお、城南寺御幸は七月後半に計画されたと考えられ、そこから後鳥羽の方針転換は承久二年七月と判断できる。

年が明けて承久三年、一月二十七日に城南寺で笠懸を行わせた後鳥羽は、二月四日、二十九回目の熊野詣に出る。挙兵の成功を祈願したのではないかと考えられる。そして四月二十日、順徳から懐成《かねなり》への譲位が行われ、四歳の仲恭《ちゅうきょう》天皇が践祚した。

こうした動きと並行して、後鳥羽は密かに在京御家人の取り込み工作を進めた。とくに、三浦義村の弟胤義《たねよし》の取り込みが重要であった。胤義を通じて兄義村を味方に引き込めば、鎌倉内で三浦氏によって義時を殺害もしくは追放することも可能になる。後鳥羽は兄弟間、親子間で確執のある有力御家人たちに働きかけ、義時を中心とした幕府首脳部の内部分裂や混乱を誘おうとしたのである。その結果、胤義は後鳥羽に従うことになった。重要なのは、義時ら幕府首脳部がこの後鳥羽の動きに全く気がついていなかったことである。

かくして四月二十八日、城南寺の仏事もしくは流鏑馬を名目に、後鳥羽は在京御家人、

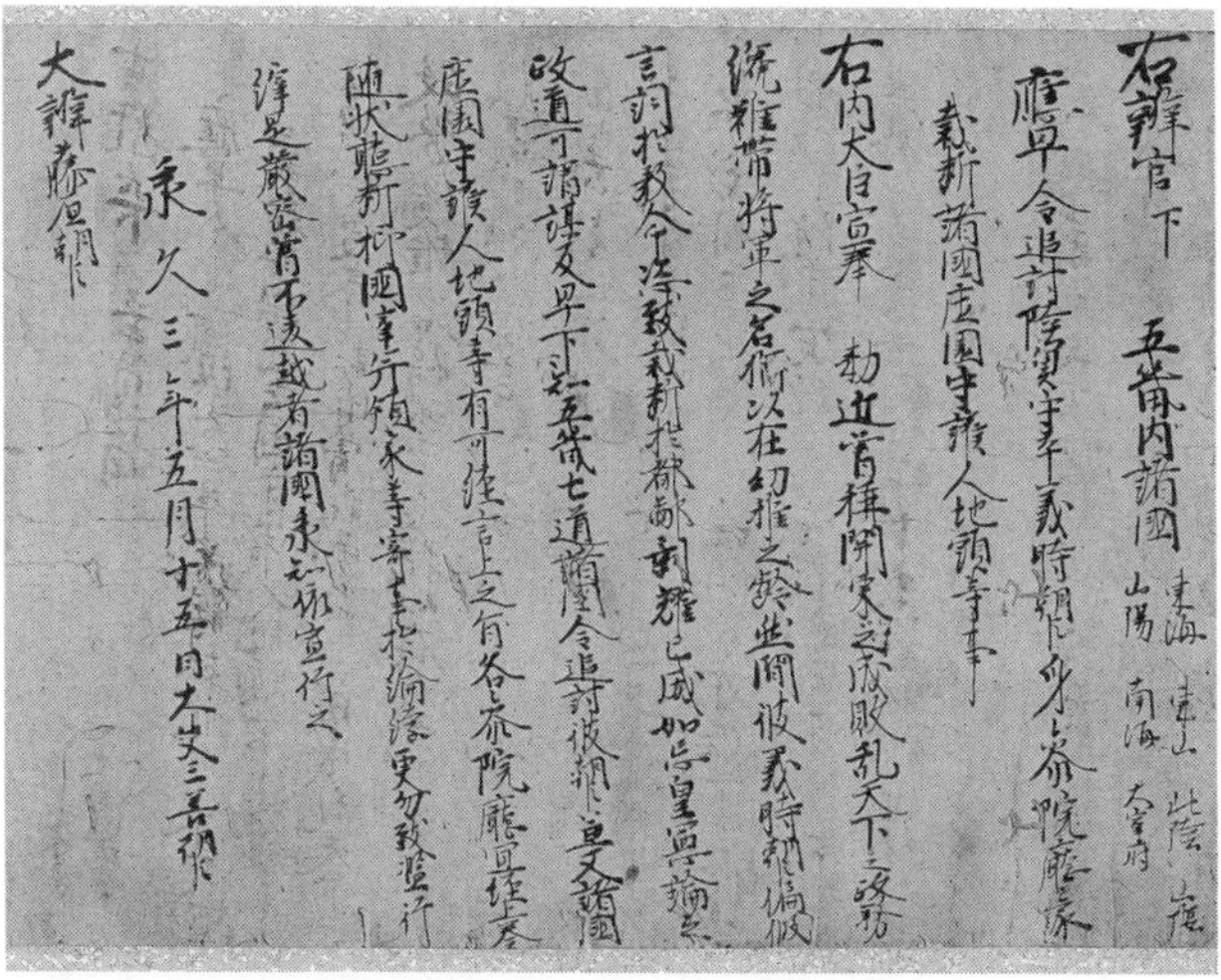

承久3年5月15日「官宣旨案」複製（神奈川県立歴史博物館蔵）

西面の武士、畿内・近国の武士、合わせて一千余騎を召集し、院御所《いんのごしょ》高陽院《かやいん》殿《どの》に集結させた。その上で、承久三年五月十五日、東国にいる有力御家人八人に宛てた「北条義時追討の院宣《いんぜん》」と、五畿七道すなわち全国の守護・地頭に下す「北条義時追討の官宣旨《かんせんじ》」を発給した。承久の乱の勃発である。

動揺する幕府首脳部

五月十五日、後鳥羽は命令に従わない京都守護伊賀光季《いがみつすえ》を討伐した。光季は実朝暗殺後に入洛して以来、京都守護を務めてきた。妹が義時の妻であったことから徹底抗戦し、討死した。光

披露した場面。画面左奥上の人物が義時。

季は攻められる前、後鳥羽の挙兵を急報する使者を鎌倉に送った。三浦胤義も兄義村を後鳥羽方に勧誘するための使者を送った。また、三寅の母方の祖父西園寺公経《さいおんじきんつね》は後鳥羽の方針に反対して幽閉されたが、家司《けいし》の三善長衡《みよしながひら》が緊急事態の発生を鎌倉に急報した。そして、義時追討の院宣と官宣旨を所持した後鳥羽の密使押松《おしまつ》も鎌倉に向けて京都を発った。

　四人の使者は五月十九日、相次いで鎌倉入りした。しかし、鎌倉に不案内の押松は院宣の宛先とされた御家人の所在がわからなかったためか、まずは潜伏した。一方、胤義の使者から後鳥

『承久記絵巻』巻第2、絵第6段（龍光院蔵）北条義時に三浦義村が胤義の手紙を

羽の動きを知った義村はただちに義時に報告し、押松を探し出して捕らえるよう進言した。和田合戦の際、いちはやく和田義盛の動きを義時に伝えたのと同じである。

鎌倉中が騒然とする中、押松が捕縛された。没収した院宣と官宣旨をみた義時・政子ら幕府首脳部は驚愕した。義時が追討の対象、すなわち「朝敵」とされていたからである。しかも、有力御家人八人をはじめ、全国の御家人たちに義時追討を命じる内容であった。その衝撃ははかりしれない。後鳥羽の動きに気づいていなかったからなおさらである。

確かに、実朝が暗殺された後、長江・倉橋荘の地頭改補問題や親王の下向問題などで朝幕関係は冷え切っていた。とはいえ、後鳥羽は摂関家の三寅が将軍予定者として鎌倉に下向することを許可した。また、「造内裏役」には国司や荘園領主も激しく抵抗しており、大内裏再建の遅延は幕府だけの責任ではない。にもかかわらず、義時が朝敵にされた。実朝が暗殺されたことで、「何をしているのかみせなくてはならない男」として表舞台に立った義時は、まさにそれが故に「朝敵にされた男」になってしまったのである。

政子の名演説

しかし、姉の政子を筆頭に、弟の時房、嫡子の泰時、頼朝期以来の宿老で、義時と揺るぎない信頼関係を築いていた盟友大江広元、同じく頼朝期以来の宿老善信《ぜんしん》（三善康信）、危機が訪れるたびに効果的な進言をしてきた三浦義村、頼朝の流人時代以来の側近安達盛長の嫡子安達景盛《かげもり》、こうした首脳部の結束は固かった。まさに「チーム鎌倉」である。

五月十九日、政子亭に首脳部と御家人たちが参集した。武田信光、小笠原長清《ながきよ》、小山朝《おやまとも》政《まさ》、宇都宮頼綱、長沼宗政、足利義氏ら院宣の宛先となった御家人たちもいた。ここで簾《れん》中《ちゅう》の「尼将軍」政子が景盛を介して語り始めた。従二位という公卿の位階を持つ政子は、諸大夫身分の義時・広元や、侍身分に過ぎない御家人たちとは違い、簾中から言葉を発するという格式が必要だったのである。ただ、その言葉は、簾中からということを忘れさせるほど熱く、力強かった。

『吾妻鏡』や「慈光寺本（漢字片仮名交じり文）」を総合すると、内容はこうであった。「故右大将軍」頼朝が朝敵を征伐して「関東」つまり鎌倉幕府を草創して以来、御家人たちは「官位」も「俸禄」も手に入れることができた。「その恩は既に山岳よりも高く、溟渤《めいぼつ》（はてしない海）よりも深」い。「大将殿（頼朝）、大臣殿（実朝）二所ノ御墓所ヲ馬ノ蹄《ひづめ》ニケサセ玉フ」のは重恩を賜った者のすることではない。「名を惜しむ族《やから》」は「三代の将軍の遺跡《ゆいせき》」すなわち三代にわたる将軍の遺産である幕府を守れ。ただし、今ここで「京方《きょうがた》ニ付《つき》テ鎌倉ヲ責《せめ》ン共、鎌倉方《かまくらがた》ニ付テ京方ヲ責ントモ、有《あり》ノマ、ニ被《られ》レ仰《おおせ》ヨ」、「京方」につくか「鎌倉方」につくか、立場を明確にせよ、と選択を迫ったのである。この史上稀にみる名演説によって、御家人たちは激しく心を動かされた。武田信光が鎌倉方につく旨を表明すると、異議を唱える者は一人も出なかった。

ここで重要なのは、政子が後鳥羽の院宣と官宣旨の内容を自分たちに都合のいいように変えて、つまり情報操作をして御家人たちに伝えたことである。院宣・官宣旨が御家人の眼に触れる前に没収できた利点を最大限に活用したのである。院宣には「義時朝臣《あそん》の奉《ぶ》行《ぎょう》を停止《ちょうじ》し、併《しかしなが》ら（すべての意）叡襟《えいきん》に決すべし」、官宣旨には「早く陸奥守平義時朝臣の身を追討」せよ、さらには「五畿七道諸国に下知し、彼の朝臣を追討せしめよ」と明記してあった。後鳥羽が命じたのは朝敵義時の追討であり、幕府本体への攻撃ではなかった。

それもそのはずである。和歌・音楽・蹴鞠・学問だけでなく、弓馬の芸にも優れ、在京御家人や西面の武士を指揮し、自ら刀剣の焼き入れをするほど武技を好んだ後鳥羽である。幕府を否定するつもりなどさらさらない。逆に、幕府そのものをむやみに攻撃して解体させれば、武力を持った多数の東国御家人が無秩序に野に放たれ、治安が乱れるだけである。それよりも尼将軍政子と将軍予定者三寅のもとで「奉行」を務めている義時の首を、自分の命令に従う有力御家人、たとえば院宣の宛先とした御家人にすげ替え、幕府本体の軍事力を組織ごと直接の支配下に入れて活用した方が、はるかにメリットがあってデメリットが少ない。経営陣を交代させて、組織ごと乗っ取るのと同じである。そして、政治権門・宗教権門・軍事権門を完全にコントロール下に置いて強制的に「権門体制」を完成させ、すべて「叡襟《えいきん》」後鳥羽の意思で決する体制を作ることこそ院宣・官宣旨の狙いであった。

ところが、政子は義時追討を、「三代の将軍の遺跡《ゆいせき》」幕府そのものへの攻撃であるかのごとく巧みにすり替えた。こうして幕府を構成する御家人たちの危機感を煽《あお》ったのである。幕府解体の危機を突き付けられた御家人たちは、「鎌倉方」を選択するしかなかった。

起死回生の一手

さらに、もう一つ注意すべき点がある。政子・義時をはじめとする広元・善信（三善康信）ら首脳部は、集団指導体制を敷いて幕政を運営していた。それは、御家人同士の利害を調整するだけでなく、朝廷との関係にも配慮しなくてはならないということを意味した。単に自分の利益だけを追求し、「御恩」に対して「奉公」するだけの一般の地頭御家人とは違う。時には、国司や荘園領主などの主張を認め、地頭御家人の権益を制限・停止しなくてはならないこともある。ただ、それが首脳部に対する不満・反発へと発展することは十分にあり得た。なぜなら、首脳部は主君ではなく、あくまでも地頭たちと同じ御家人だったからである。

地頭御家人たちの離反は首脳部自身の危機に直結する。それを回避するには、首脳部と御家人たちの一体感を演出しなくてはならない。「右大将」頼朝が草創し、「右大臣」実朝が安定させた幕府は、政子・義時ら北条氏や首脳部だけのものではなく、すべての御家人たちのもの、自分たちで守るべきものなのだと強調するのである。「京方」につくという御家人が一人も出なかったのは、ある程度これが成功したことを意味していよう。

それでも危機が去ったわけではない。稀代の帝王たる後鳥羽の君臨する朝廷と対決することに、御家人たちはいいしれぬ恐怖感を覚えたからである。幕府ができたとはいえ、当時はまだ朝廷の伝統的権威と全国規模の権力が維持されていた。いわば「京都中心の時代」なのである。都から遠く離れた東国の鎌倉に集う武士たちは、伝統の力を身にまとった朝廷に、とてつもなく大きな、そら恐ろしい虚像・幻影を思い描いていた。

朝敵として名指しされた義時は、なおさら恐怖におののいたことであろう。政子の演説の後、義時ら首脳部は対応策を協議したが、足柄・箱根二つの関を固め、追討軍を迎撃する戦術をとろうという意見が大半を占めた。自ら進んで朝廷を攻めることが怖かったのである。これに対し、朝廷・幕府双方の事情に詳しい広元が即時出撃を主張した。院宣・官宣旨を読んだ広元は、追討軍が準備を整えて東国に下向するのはまだ先のこと、迎撃策を選んで時間を無駄に費やせば、朝廷への恐怖心から離反する御家人が続出すると踏んだのである。実際、二、三日で御家人の間に動揺が広がり、幕府の基盤である武蔵国の武士たちの去就すらわからなくなってきた。首脳部と一般御家人の乖離が起きれば終わりである。

ここで政子が、病気療養していた京下りの宿老善信に意見を求めた。すると、善信もまた即時の出撃、しかも大将軍一人でもまず進発すべきだと主張した。朝廷・幕府の事情に通じる二人の宿老の意見が一致したことで、義時は腹をくくり、我が子泰時に出撃を命じた。京都からの使者が鎌倉に着いて三日目、五月二十二日の早朝、泰時は北条一族や北条氏に仕える武士たちを引き連れ、たった十八騎で出撃した。

結果的に、この決死の出撃が起死回生の一手となった。その日のうちに北条時房、同朝時、足利義氏、三浦義村らが鎌倉を発ち、この動きを知った御家人たちが我も我もと進発する、出撃の雪崩現象が起きたのである。三日後の二十五日までに主《おも》だった東国武士はほとんど出撃し、『吾妻鏡』によれば、東海・東山・北陸三道に分かれた「鎌倉方」の軍勢は「十九万騎」に膨れ上がったという。無論、この数字は『吾妻鏡』の誇張であるが、大軍だったことは間違いない。恩賞と名誉を手に入れるために命を懸ける、この武士の本性に火がつき、御家人たちは京都を目指して進撃を始めた。

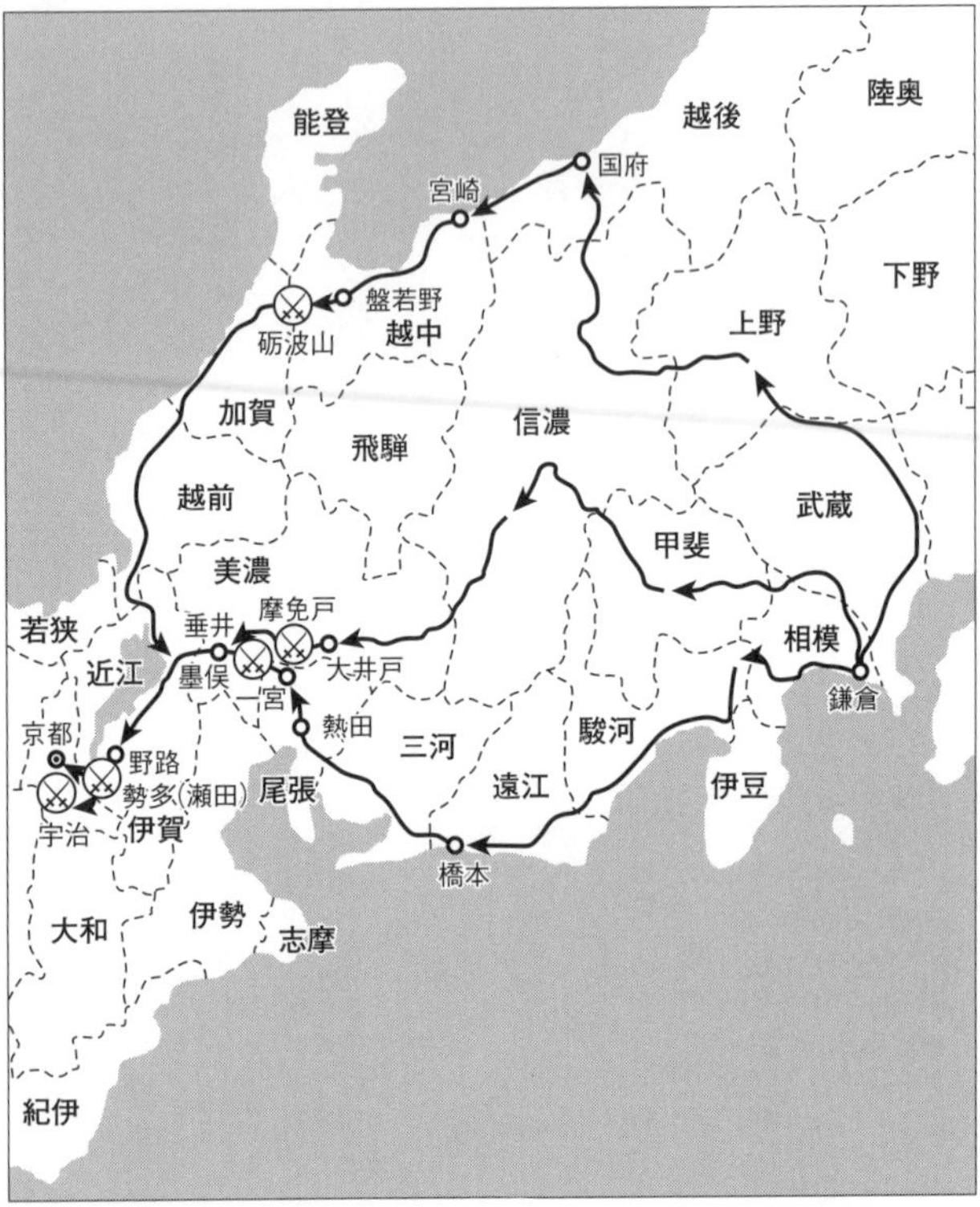

鎌倉方の進軍ルート(関幸彦『敗者の日本史6　承久の乱と後鳥羽院』〔吉川弘文館〕をもとに作成)

鎌倉方と京方

この後、各地で展開された合戦については、旧著で詳述したので繰り返さない。本書は、そうした合戦を通じて浮き彫りになった鎌倉方と京方の違いについて述べてみたい。

京方は「稀代の帝王」たる後鳥羽が義時追討を命じた「官軍」である。これに対し、鎌倉方は「朝敵にされた男」義時が送り出した「賊軍」であった。御家人たちは院宣・官宣旨の内容を情報操作されて伝えられたため、義時が「朝敵」にされたことは知らなかった。しかし、朝廷に歯向かった時点で「賊軍」となることはわかっていた。

当時の常識では「賊軍」が「官軍」に勝つことなどあり得ない。朝廷の伝統的権威の幻影が人々の心を縛っていたからである。後鳥羽と京方の武士たちの落とし穴はそこにあった。まさか「賊軍」がこんなにも早く大軍で攻め上ってくるなど想像もしていなかったのである。想像を超える事態が起きた時、人は焦り、最悪の場合パニックになる。ましてや命を懸けた戦場である。命惜しさに戦わずして逃げ出す武士が出ても仕方がない。逆にいえば、後鳥羽と京方の諸将は、自分たちこそが「官軍」で、鎌倉方は「賊軍」であることを、自軍にも敵軍にも徹底的に意識させるべきであった。そうすれば、鎌倉方の中に裏切り者が出る可能性は高かった。戦闘を有利に運ぶこともできたであろう。

木曾川の「大井戸渡」

というのは、鎌倉方にも落とし穴があったからである。東山道《とうさんどう》軍の大将軍武田信光が美濃国《みののくに》木曾川《きそがわ》の大井戸渡《おおいどのわたり》まで進撃した時のことである。「慈光寺本」によれば、信光は「鎌倉勝《かた》バ鎌倉ニ付《つき》ナンズ。京方勝バ京方ニ付ナンズ。弓箭《ゆみや》取ル身ノ習《ならひ》ゾカシ」、つまり勝つ側に味方するのが弓矢の道に生きる武士の習わしだと言い放ったという。負ける側に味方しても恩賞は手に入らない。武士社会の慣習、武士の本性むき出しの態度である。鎌倉方に裏切り者が出る可能性は十分にあったといえる。

　後鳥羽や京方諸将が鎌倉方に対し、「賊軍」のままでは負ける、「官軍」に寝返れば恩賞が手に入るという情報を流せば、個々の戦闘の勝敗もどちらに転んでいたかわからない。しかし、まさかの反撃にあって余裕を失った後鳥羽や京方諸将にそんな真似はできなかった。一方、鎌倉方東海道軍の大将軍時房は信光の動きを予想していた。そこで、すぐに具体的な恩賞を提示する書状を送ると、信光は木曾川を渡って京方の軍勢を蹴散らしたという。

冷静に的確な対応ができたのは、八年前、建暦三年（一二一三）五月に起きた和田合戦を経験していたからであろう。鎌倉を舞台に二日にわたって激闘が繰り広げられた和田合戦では、時房・泰時・朝時の北条氏をはじめ、三浦義村、足利義氏らも手ごわい和田勢を相手に命がけで戦った。どうすれば勝てるのか、実戦を通して学んでいたのである。この時、義時は、将軍実朝とともに頼朝の墓所法華堂《ほっけどう》から指示を出した。その点も今回と似ている。

この鎌倉方に比べ、京方の諸将は圧倒的に実戦経験が乏しかった。寺社の強訴《ごうそ》対策や群盗の鎮圧に動員されるぐらいで、武士同士の本格的な戦闘には慣れていなかった。京方の大将軍として美濃国に派遣された院近臣の武士藤原秀澄《ひでずみ》は、鎌倉方より少ない軍勢を十二箇所に分散させて配置するという愚策をとり、地元の地理に詳しい美濃源氏山田重忠《しげただ》の献策を退ける失敗を犯した。「慈光寺本」は秀澄を「天性臆病武者」と酷評している。ただ、それもやむを得ない。彼らが絶えず気にかけていたのは後鳥羽一人であり、後鳥羽の叡慮がすべてのイエスマンだったからである。配下の武士をどう扱うか、どうすれば勝てるのか、そんなことを真剣に考えたこともなかったのであろう。これでは勝てるはずがない。

後鳥羽の失策

となると、「官軍」の京方が勝てなかった要因は、つきつめれば後鳥羽にあったということになろう。次にそうした観点からみてみよう。

確かに、抜群のマルチな才能に恵まれた後鳥羽は、政治・文化・経済各方面で驚嘆すべき能力を発揮し、二十年以上にわたり「治天の君」として君臨してきた。乱の勃発に際し、後鳥羽がとった戦略にも根本的な過ちはなかった。まず、畿内・近国の武士一千余騎を召集して院御所を守らせ、次いで院宣によって、ピンポイントで在鎌倉の有力御家人に義時の命を狙わせ、それでも成功しない場合を想定し、官宣旨によって全国の守護・地頭すなわち大量の御家人を動員して義時の息の根を止めるという三段構えの戦略である。具体的な提示はないが、成功した場合の恩賞にも言及している。

院宣と官宣旨をともに発給していることから、後鳥羽が院宣・官宣旨の効力に絶対的な自信を持っていたわけではないこともわかる。ただ、心のどこかで、自分が過ちを犯すはずはない、自分の出した命令に従わない者がいるはずはない、という過信があったと考える。そこで、三段構えの戦略を立てた後は悠長に結果報告を待つだけで、最新の情報を収集し、万が一に備えて兵力を増強するという次の一手を怠った。これが致命的であった。

なぜなら、これによって長期戦に持ち込むことができなくなったからである。長期戦になれば、「官軍」としての威力・有利さが徐々に効果を発揮してくる。「治天の君」後鳥羽の権威によって、畿内・近国だけでなく、九州も含めた西国全体の武士たちを動員することができたであろう。東国武士中心の鎌倉方を数の上でも圧倒することができたはずである。

結果として、この失策が義時を救うことになった。後鳥羽が都で悠長に報告を待つ間、鎌倉に残った義時は、鶴岡八幡宮、勝長寿院《しょうちょうじゅいん》、永福寺《ようふくじ》、大慈寺《だいじじ》などに戦勝と世の平安を願う祈禱《きとう》を行わせていた。ただ、内心では、後鳥羽に反逆して軍を送り出し、朝廷に敵対したことに恐怖を覚えていた。それを伝えるエピソードが『吾妻鏡』にみえる。

承久三年（一二二一）六月八日条によれば、「右京兆《うけいちょう》（右京権大夫《うきょうごんのだいぶ》）」義時の館に雷が落ち、身分の低い者が一人死亡するという事故が起きた。義時は「頗《すこぶ》る怖《お》じ畏《おそ》れ」、「大官令《たいかんれい》（大《だい》膳大夫《ぜんだいぶ》）禅門《ぜんもん》」広元を呼び出すと、「武州（武蔵守泰時）等の上洛は、朝庭《ちょうてい》を傾け奉らんがため也。しかるに今この怪あり。もしや、これ運命の縮まるべき端《はじめ》か」といったという。つまり、泰時たちを上洛させたのは朝廷を衰えさせようとしたためである。ところが、今この怪異があった。もしやこれは運命が縮まる端緒なのではないかと震え上がったのである。広元は、奥州合戦で頼朝の陣営に雷が落ちた例を挙げ、落雷は運のいい先例であるから恐れる必要はないと慰めた。「朝敵にされた男」義時がいかに追いつめられていたかがわかる。

また、南北朝期成立の歴史物語『増鏡《ますかがみ》』に興味深いエピソードがある。泰時が、もし「君」が御輿《みこし》で臨幸した場合はどうすればいいかと尋ねると、義時は「正に君の御輿に向ひて弓を引く事は、いかがあらん。さばかりの時は、兜を脱ぎ弓の弦《つる》を切りて、ひとへに畏まり申して、身を任せ奉るべし」、つまり「君」の御輿に弓を引いてはいけない、兜を脱いで弓の弦を切り、ひたすら恭順の意を示せと指示したというのである。物語作者の創作であろうが、先の『吾妻鏡』の記事と合わせれば、当時のリアルな感覚をうかがうことはできる。

要するに、藤原秀澄のような無能な指揮官に任せるのではなく、どこかの段階で後鳥羽

『承久記絵巻』巻第4、絵第3段（龍光院蔵）宇治橋の合戦。橋の板をはずして防戦する京方。

自身が戦場近くに出向いていたら、たとえその姿をみせなくとも、院の臨幸という情報だけで鎌倉方をひるませ、京方を勢いづけたことは確実なのである。しかし、武技を好んだとはいえ、後鳥羽は帝王である。自ら戦場に立つ勇気はなかった。

北条義時の完全勝利

以上のように分析すると、幕府首脳部が迎撃策を採用していたら、歴史は大きく変わっていたと考えられよう。ただ、現実は違った。美濃国で圧勝した鎌倉方は、六月十三日から十四日にかけて、時房が近江国の勢多《せた》（瀬田）橋、泰時が山城国《やましろのくに》の宇治橋で最後の決戦に挑んだ。鎌倉方は、激しく降る雨で濁流と化した川の流れに手こずりながらも京方を撃破した。淀《よど》・芋洗《いもあらい》に進撃した三浦義村も勝利し、六月十五日、鎌倉方東海・東山道両軍は入京を果たした。数日遅れで朝時率いる北陸道軍も入京した。院御所で最後まで戦おうとした三浦胤義《たねよし》・山田重忠・源翔《みなもとのかける》ら京方の武士たちは、後鳥羽に院御所に入ることを拒まれて憤慨・失望し、逃亡・自害という末路をたどった。承久の乱は鎌倉方の完勝であった。

『承久三年四年日次記《ひなみき》（仁和寺《にんなじ》僧の書いた記録）』六月十五日条によれば、後鳥羽は勅使を派遣すると、鎌倉方の泰時・義村らに、「北条義時追討の宣旨（官宣旨のことと解釈できる）」を撤回し、すべては申請通りにするという叡慮を伝えたという。後鳥羽自ら完敗を認めたのである。また、「慈光寺本」によれば、鎌倉で戦勝報告を受けた義時は「今ハ義時思フ事ナシ。義時ハ果報ハ、王ノ果報ニハ猶マサリマイラセタリケレ。義時ガ昔報行《むかしのほうぎょう》、今一《いまひとつ》足《た》ラズシテ、下臈《げろう》ノ報ト生レタリケル」といったという。つまり、義時の果報は帝王よりも優《まさ》っていることが証明された、前世の行いが今一つ足りなかったため、武士のような下臈の身分に生まれたにすぎない、と喜んだのである。かくして「朝敵にされた男」義時は、ついに「帝王後鳥羽を、そして朝廷を乗り越えた男」になった。

敗れた後鳥羽・順徳はもちろん、京方に与《くみ》した貴族・武士たちは厳しく処断された。後

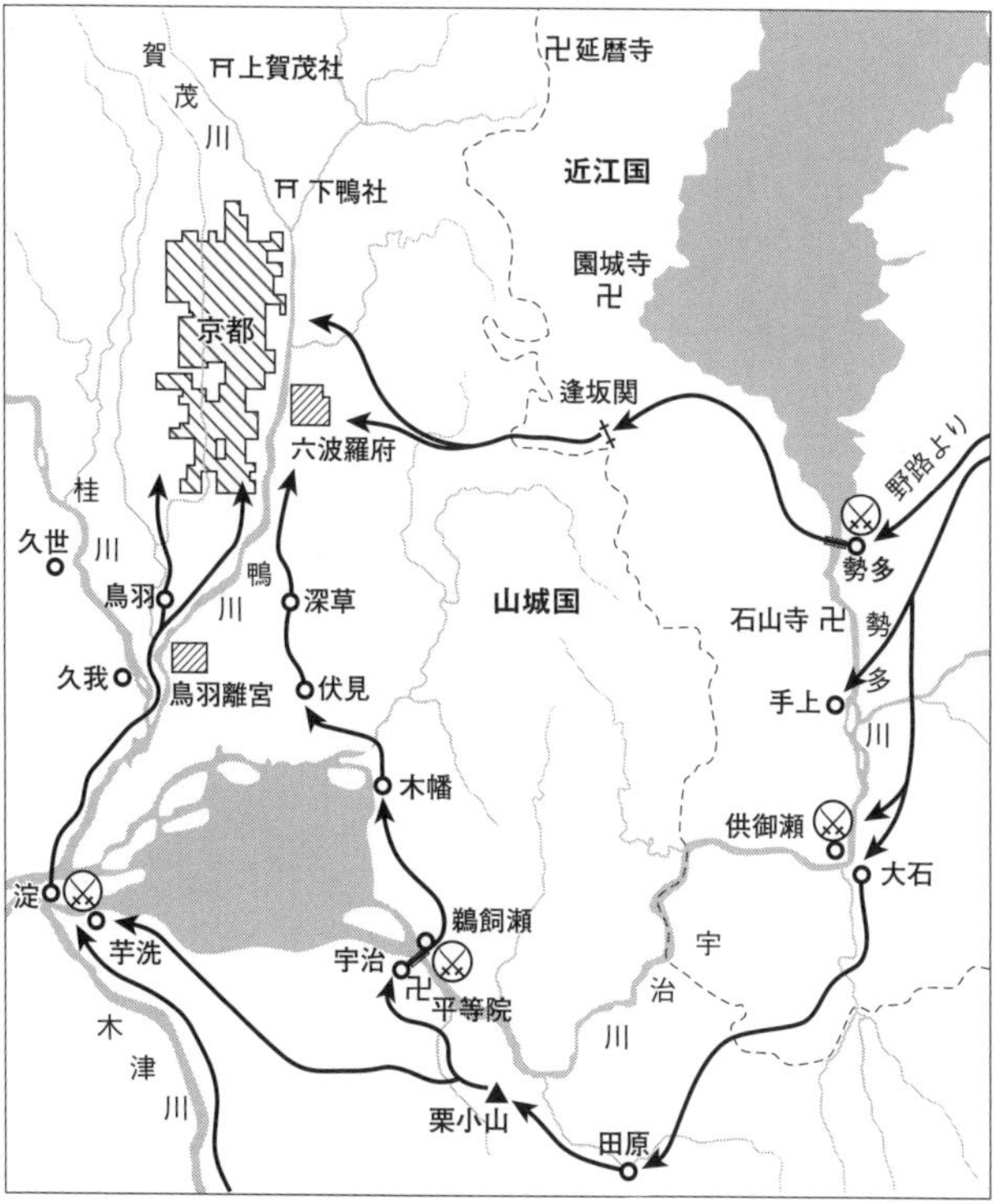

勢多、宇治、淀・芋洗を経由した進軍ルート（関幸彦『敗者の日本史6　承久の乱と後鳥羽院』〔吉川弘文館〕をもとに作成）

鳥羽が隠岐島《おきのしま》に、順徳が佐渡島《さどがしま》に配流され、乱に関与しなかった土御門《つちみかど》も自ら土佐国《とさのくに》（のちに阿波国《あわのくに》に遷幸《せんこう》）に下った。いわゆる三上皇配流である。貴族・武士たちの多くは死罪に処され、残党も徹底的に掃討された。

さらに、義時は朝廷の根幹である治天の君・天皇の人事も断行した。天皇の位に即《つ》いたことのない守貞《もりさだ》親王を院政の主宰者（後高倉院《ごたかくらいん》）とし、その子茂仁《ゆたひと》を践祚（後堀河《ごほりかわ》天皇）させた。幕府が治天の君を決め、天皇を選んだのである。朝廷と幕府の力関係は完全に逆転した。義時が「朝廷を乗り越えた」ことを如実に、そして公に示すものであった。

新たな時代への転換

乱後、義時は、京都に幕府の出先機関である六波羅探題《ろくはらたんだい》を置いて時房・泰時を駐屯させ、六波羅による勲功の調査に基づき、恩賞の給付を主導した。また、西国を中心に三千余箇所に及ぶ京方の没収地に、東国御家人を新補地頭《しんぽじとう》として送り込んだ。ただ、民族大移動ともいえるような東国御家人の西国移住により、東国・西国それぞれの慣例・慣習がぶつかり合い、各地でトラブルが多発した。最高実力者となった義時は、この難題にも対処しなくてはならなくなった。それを示すのが発給文書である。

現存する義時の発給文書のうち約三分の二が、承久の乱勃発直後の承久三年（一二二一）五月から、義時が死去する貞応三年（一二二四、十一月に元仁《げんにん》と改元）六月までの三年間に集中している。前節の最後で述べたように、義時は承久二年九月以降、「陸奥守平」の単署で関東下知状を発給して地頭職《しき》を安堵し、地頭御家人の所領を守ってきた。しかし、承久の乱後は地頭職の補任や譲与安堵だけでなく、地頭の非法停止《ひほうちょうじ》、地頭職の没収、守護使の入部停止など、御家人たちの権益を制限する文書が増えている。これは幕府の御家人と朝廷の国司・荘園領主との紛争、東国と西国との衝突を義時の責任で解決しなくてはならなくなったことを示している。義時は最高実力者になったが故に、朝幕関係を調整する責任を負ったということである。

同じことをかつては将軍が行っていた。ただし、根本的な違いがある。朝幕の友好・協力関係に尽くした将軍実朝も、後鳥羽に対しては臣下として接していた。しかし、義時は治天の君・天皇を選定し、朝廷をも凌ぐ権力を握った。無論、形式上は義時も臣下である。しかし、承久の乱の勝利という厳然たる事実の前に、朝廷の側が義時の意向を気にかけ、忖度するようになったのである。これは誰の目にも明らかであった。義時の官位は従四位下、右京権大夫兼陸奥守に過ぎない。にもかかわらず、朝幕の誰もが義時を最高権力者と

北条政子五輪塔

認め、その意向に気を使ったということである。これは取りも直さず、朝廷の伝統的な権威が失墜し、「京都中心の時代」「権門体制」が〈終わりの始まり〉を迎えたことを意味する。それは同時に、新たな時代、すなわち「真の武士の時代」への転換の始まりであり、源氏将軍が鎌倉殿を務めた幕府とは異なる執権北条氏の幕府の始まりであった。

しかし、その幕府の行く末をしっかりとみとどけることなく、承久の乱からわずか三年後、貞応三年六月十三日、義時は死去した。享年六十二。毒殺説がささやかれるほどの急死であった。政子は三浦義村の協力を得て、泰時を三代執権に就任させた。その政子も、翌年、嘉禄《かろく》元年（一二二五、四月に元仁から改元）七月に死去した。享年六十九。かくして政子・義時の時代が終わった。ほどなく泰時は執権政治を軌道に乗せる。新たな時代への転換が果たされたのである。

おわりに

昨年二〇二〇年一月のことである。二〇二二年のＮＨＫ大河ドラマが、三谷幸喜《みたにこうき》氏脚本の「鎌倉殿の13人」になったことが発表された。主人公は北条義時だという。平安末期から鎌倉初期の歴史を研究する専門家、この時代に興味を抱いていらっしゃる方々の多くが「大河ドラマには珍しいな」、「でも面白そうだ」と感じたのではないだろうか。私もその一人だった。その夜、大学の駒場《こまば》時代の親しい友人で、ＮＨＫ出版の江藤巌二氏から電話があった。北条義時に関する新書を書いてほしいとのことであった。あまりのすばやさに驚くとともに、前著（ＰＨＰ新書）の執筆中だった私は、北条氏についてはＮＨＫに譲り、ＰＨＰでは源氏の叙述に集中できると考え、嬉しくなった。ほどなくご担当いただく編集者も山北健司氏に決まり、新型コロナウィルス感染拡大の前だったので、本の構想や構成について三人で楽しく語り合った。

本書を書くにあたっては三つの課題があった。第一は本書の位置づけである。同じ時代の新書を何冊も書けるような器用さ・力量は私にはない。そこで、本書では北条氏の視点から歴史を読み解き、朝廷とくに後鳥羽院の視点に重点を置いた旧著、源氏将軍の視点に立った前著と合わせて三部作にすることにした。結果的に、別の視点から同じ時代を見直すことで、自分が思い描いていた歴史像に修正を加えることができたのは収穫であった。

第二は、長年、携わってきた「真名本」『曾我物語』研究の中で、腑《ふ》に落ちないと思っていた疑問に正面から向き合うことである。本書を通じて、伊東氏と北条氏との関係、頼朝の流人時代の問題などに自分なりの答えを導き出せたように思う。異論はあるかもしれないが、著者としてはずっと眼前にかかっていた霧が晴れた気分である。

第三は大河ドラマとの関係である。確かに、執筆のきっかけは大河ドラマだった。しかし、時代考証の依頼をいただいたのはそれより一ヵ月も後であった。大変なことになった、いや新しい世界を体験できるのは楽しみだ、これがその時の率直な感想である。

実際に作業を始めてから意識したのは、ドラマはあくまでドラマ、研究とは別物だということである。時代考証者は、まず制作陣に平安末期・鎌倉初期の歴史の大枠や特徴を示し、次いで脚本を読み、歴史学的にみて不自然なところはないか、当時の言葉遣いとして不適切ではないかなどの点をチェックし、必要であれば変更・修正を提言する。ただ、視聴者に制作側の意図が伝わらなければ意味がない。歴史学的な厳密さよりストーリーの面白さを優先する場合もある。三谷氏の脚本は実に面白く刺激的である。脚本は脚本家のものなのである。ただ、それは同時に、研究は研究者のものだということでもある。そこで、常にドラマと研究の境界を意識しつつ執筆した。無論、本書とドラマは同じ時代を扱っているため重なる部分はある。むしろ、どこがどのように違うのか探すつもりで読んでいただければ幸いである。

ところで、昨年に引き続きコロナ禍《か》という暗雲が世界を覆った。大学の授業や会議、学会のシンポジウムなどもすべてオンラインであった。また、今年は承久の乱後八百年にあたっていて講演のご依頼をいくつもいただいたが、それもオンラインで行うしかなかった。感染者数の急増、繰り返される緊急事態宣言に不安や不満が募ることもあった。

ただ、我が家には暗澹《あんたん》たる気分を癒してくれる存在がいる。三部作の三作目も、恒例となった愛猫ミケラとレオナの話で締めくくろう。この二年間、家族全員、在宅することが多かったためか、二匹ともすっかり甘えん坊になった。すぐに撫《な》でてほしいとすり寄ってくる。そんな時は尻尾の付け根あたりを「お尻ポンポン（トントン）」してあげる。また、ある日のこと、仕事部屋のドアを閉めて原稿を書いている最中に鳴き声がした。我が家は「猫ファースト」なのでドアを開けると、部屋の前に三センチほどの可愛らしいネズミのオモチャが置いてあった。遊んでほしいというわけではないらしい。自分の大切な物を飼い主のもとに持ってくる猫の話は聞いたことがあった。うちの子もそうなんだと思い、ホッコリした。こんないじらしさに癒され、コロナ禍を生きる活力が湧いた。

最後になったが、メールはもちろんオンラインでも打合せを重ね、手際よく校正作業を進めてくださった山北健司氏に御礼を申し上げたい。当初の脱稿予定を二ヵ月ほど遅らせていただくなど、こちらの我儘にも柔軟に対応して下さり、気持ちよく執筆することができた。また、真っ先に電話をくれた江藤巌二氏にも感謝したい。この電話がなければ本書は世に出ていない。持つべきものは友である。

坂井孝一

二〇二一年八月　自宅にて

関係略年表

保安三～四年	一一二二～二三	この頃、伊東祐親誕生。
保延四年	一一三八	北条時政誕生。
久安三年	一一四七	源頼朝誕生。
保元元年	一一五六	七月、保元の乱。
保元二年	一一五七	北条政子誕生。
平治元年	一一五九	十二月、平治の乱。頼朝、右兵衛権佐。
平治二年（永暦元年）	一一六〇	三月、頼朝、伊豆の伊東に配流。
長寛元年	一一六三	北条義時誕生。
長寛二年	一一六四	畠山重忠誕生。
承安二年	一一七二	九月頃、祐親上洛。
承安五年（安元元年）	一一七五	八月頃、祐親、伊東に戻り、千鶴を殺害。八重、江間に再嫁。九月、頼朝、北条へ。この年、北条時房誕生。
安元二年	一一七六	二月までに時政上洛。三月頃、頼朝、政子と結婚。十月、工藤祐経の刺客八幡三郎、河津祐泰を射殺。

治承二年	一一七八	または同三年、大姫誕生。
治承三年	一一七九	時政、北条に戻る。平清盛、クーデターにより後白河院の院政停止。
治承四年	一一八〇	五月、以仁王の乱。八月、頼朝挙兵。頼朝、時政を甲斐へ派遣。十月、鉢田合戦、富士川合戦。十二月、頼朝、移徙の儀、着到の儀を経て鎌倉殿。この年、北条宗時死去。
寿永元年	一一八二	八月、源頼家誕生。
寿永二年	一一八三	北条泰時誕生。頼朝、上総広常を誅殺。
元暦二年（文治元年）	一一八五	三月、平家、壇ノ浦で滅亡。十一月、時政上洛。守護・地頭設置の勅許。
文治五年	一一八九	北条政範誕生。
建久三年	一一九二	七月、頼朝、征夷大将軍。八月、源実朝誕生。
建久四年	一一九三	五月、富士野の巻狩。曾我兄弟の敵討ち事件。
建久五年	一一九四	北条朝時誕生。
建久八年	一一九七	七月、大姫死去。
建久九年	一一九八	一月、後鳥羽院政始動。この年、北条重時誕生。若狭局、一幡を出産。
建久十年（正治元年）	一一九九	一月、頼朝急死。頼家、二代目鎌倉殿。
正治二年	一二〇〇	元旦、時政、垸飯を勤仕。四月、時政、遠江守。この年、公暁誕生。

建仁二年	一二〇二	七月、頼家、従二位・征夷大将軍。
建仁三年	一二〇三	九月、比企の乱。実朝、従五位下・征夷大将軍。
建仁四年（元久元年）	一二〇四	七月、頼家、修善寺で惨殺。十一月、時政・牧の方の愛息政範、京都で死去。十二月、実朝御台所（坊門信清の娘）鎌倉下着。
元久二年	一二〇五	六月、畠山重忠滅亡。閏七月、牧氏事件。義時、執権。この年、北条政村誕生。
承元三年	一二〇九	四月、実朝、従三位。将軍家政所を開設。十一月、実朝、義時の郎従を侍に准ずることを拒否。
建暦二年	一二一二	幕府、閑院内裏造営に協力。
建暦三年（建保元年）	一二一三	五月、和田合戦。
建保四年	一二一六	一月、義時、従四位下。中原広元、陸奥守。四月、将軍家政所別当九人制。六月、実朝、権中納言。陳和卿、実朝に拝謁。閏六月、広元、中原から大江への改姓勅許。九月、義時・広元の実朝への諫言あるいは官職推挙の懇願。十一月、実朝、権中納言の直衣始。翌日、実朝、唐船の建造を命令。
建保五年	一二一七	一月、義時、右京権大夫。四月、唐船の進水失敗。六月、公暁、鎌倉下着。十月、公暁、鶴岡八幡宮別当。その後、参籠。十一月、広元、病気により陸奥守辞任。十二月、義時、陸奥守を兼任。

建保六年	一二一八	一月、実朝、権大納言。二月、政子・時房上洛。三月、実朝、左近衛大将・左馬寮御監。四月、政子、従三位。六月、実朝、左大将拝賀の儀。十月、政子、従二位。実朝、内大臣。十二月、右大臣。
建保七年（承久元年）	一二一九	一月、公暁、右大臣拝賀の場で実朝を斬殺。七月、源頼茂により大内裏焼失。三寅、鎌倉下着。十月、後鳥羽、大内裏再建を開始。
承久二年	一二二〇	九月以降、義時、署判を右京権大夫から陸奥守に変更。十二月、後鳥羽、大内裏再建を中断。
承久三年	一二二一	一月、後鳥羽、城南寺で笠懸を開催。二月、熊野詣。四月、仲恭天皇践祚。五月、北条義時追討の院宣・官宣旨発給。承久の乱勃発。七月、後鳥羽、隠岐に配流。
貞応元年	一二二二	八月、義時、陸奥守を辞任。十月、右京権大夫を辞任。
貞応三年（元仁元年）	一二二四	六月、義時急死。泰時、執権。
元仁二年（嘉禄元年）	一二二五	六月、大江広元死去。七月、政子死去。十二月、三寅、元服（実名、頼経）。
嘉禄二年	一二二六	一月、頼経、征夷大将軍。

主要参考文献

・伊東市史編集委員会・伊東市教育委員会『伊東市史　通史編　伊東の歴史Ⅰ』
・会田実『「曽我物語」その表象と再生』笠間書院、二〇〇四年
・石井進『中世武士団』（『日本の歴史』第一二巻、小学館、一九七四年、のちに『石井進の世界②　中世武士団』山川出版社、二〇〇五年として再刊）講談社学術文庫、二〇一一年
・伊藤邦彦『「建久四年曾我事件」と初期鎌倉幕府——曾我物語は何を伝えようとしたか』岩田書院、二〇一八年
・岩田尚一「北条義時の大倉亭と『吾妻鏡』戌神霊験譚の原史料」『鎌倉遺文研究』第四三号、二〇一九年
・上杉和彦『大江広元』吉川弘文館、二〇〇五年
・海老沼真治「甲斐源氏の軍事行動と交通路」山梨県立博物館監修、西川広平編『甲斐源氏——武士団のネットワークと由緒』戎光祥出版、二〇一五年
・大津雄一『軍記と王権のイデオロギー』翰林書房、二〇〇五年
・大塚紀弘『日宋貿易と仏教文化』吉川弘文館、二〇一七年
・岡田清一『北条義時——これ運命の縮まるべき端か』ミネルヴァ書房、二〇一九年
・奥富敬之『吾妻鏡の謎』吉川弘文館、二〇〇九年
・落合義明「北条時政と牧の方——豆駿の豪傑、源頼朝からの自立」野口実編『中世の人物　京・鎌倉の

時代編　第二巻　治承～文治の内乱と鎌倉幕府の成立』清文堂出版、二〇一四年
・角川源義『語り物文芸の発生』東京堂出版、一九七五年
・川合康『院政期武士社会と鎌倉幕府』吉川弘文館、二〇一九年
・菊池紳一「源頼朝の構想」北条氏研究会編『武蔵武士の諸相』勉誠出版、二〇一七年
・菊池紳一「北条時政発給文書について――文書様式の変遷と権限」北条氏研究会編『北条氏発給文書の研究』勉誠出版、二〇一九年
・菊池紳一「北条政子発給文書について」北条氏研究会編『北条氏発給文書の研究』勉誠出版、二〇一九年
・木村茂光『頼朝と街道――鎌倉政権の東国支配』吉川弘文館、二〇一六年
・金　永「摂家将軍期における源氏将軍観と北条氏」『ヒストリア』一七四号、二〇〇一年
・久保田和彦「源実朝の発給文書」北条氏研究会編『北条氏発給文書の研究』勉誠出版、二〇一九年
・大妻女子大学国文学会編、小井戸守敏編著『大妻文庫　曾我物語　上・中・下』新典社、二〇一三～二〇一五年
・河内祥輔『日本中世の朝廷・幕府体制』吉川弘文館、二〇〇七年
・小林直樹「『吾妻鏡』における頼家狩猟伝承――北条泰時との対比の視点から」『国語国文』八〇‐一、二〇一一年
・小林直樹「『沙石集』の実朝伝説――鎌倉時代における源実朝像」渡部泰明編『源実朝――虚実を越えて』勉誠出版、二〇一九年
・五味文彦『増補　吾妻鏡の方法――事実と神話にみる中世』吉川弘文館、二〇〇〇年

・五味文彦『源実朝――歌と身体からの歴史学』角川選書、二〇一五年
・近藤成一『シリーズ日本中世史② 鎌倉幕府と朝廷』岩波新書、二〇一六年
・坂井孝一『曽我物語の史実と虚構』吉川弘文館、二〇〇〇年
・坂井孝一『物語の舞台を歩く　曽我物語』山川出版社、二〇〇五年
・坂井孝一『源実朝――「東国の王権」を夢見た将軍』講談社選書メチエ、二〇一四年
・坂井孝一『曽我物語の史的研究』吉川弘文館、二〇一四年
・坂井孝一『源頼朝と鎌倉』吉川弘文館、二〇一六年
・坂井孝一『承久の乱――真の「武者の世」を告げる大乱』中公新書、二〇一八年
・坂井孝一『源氏将軍断絶――なぜ頼朝の血は三代で途絶えたか』ＰＨＰ新書、二〇二一年
・櫻井陽子「頼朝の征夷大将軍任官をめぐって――『三槐荒涼抜書要』の翻刻と紹介」『明月記研究』第九号、二〇〇四年
・清水亮『中世武士　畠山重忠――秩父平氏の嫡流』吉川弘文館、二〇一八年
・下山忍「北条義時発給文書」北条氏研究会編『北条氏発給文書の研究』勉誠出版、二〇一九年
・杉橋隆夫「鎌倉執権政治の成立過程――十三人合議制と北条時政の「執権」職就任」御家人制研究会編『御家人制の研究』吉川弘文館、一九八一年
・鈴木由美「鎌倉期の『源氏の嫡流』」日本史史料研究会編『将軍・執権・連署――鎌倉幕府権力を考える』吉川弘文館、二〇一八年
・高橋慎一朗『武家の古都、鎌倉（日本史リブレット㉑）』山川出版社、二〇〇五年

・高橋一樹『東国武士団と鎌倉幕府』吉川弘文館、二〇一三年
・高橋典幸『源頼朝――東国を選んだ武家の貴公子（日本史リブレット 人㉖）』山川出版社、二〇一〇年
・高橋典幸「鎌倉幕府論」桜井英治編著『岩波講座 日本歴史 第6巻・中世1』岩波書店、二〇一三年
・高橋秀樹『三浦一族の研究』吉川弘文館、二〇一六年
・舘隆志『園城寺公胤の研究』春秋社、二〇一〇年
・田辺旬「北条義時――義時朝臣天下を幷呑す」平雅行編『中世の人物 京・鎌倉の時代編 第三巻 公武権力の変容と仏教界』清文堂出版、二〇一四年
・田辺旬「北条政子発給文書に関する一考察――『和字御文』をめぐって」『ヒストリア』第二七三号、二〇一九年
・永井晋『鎌倉源氏三代記――一門・重臣と源家将軍』吉川弘文館、二〇一〇年
・永井路子『つわものの賦』文藝春秋、一九七八年
・長村祥知『中世公武関係と承久の乱』吉川弘文館、二〇一五年
・西川広平「治承・寿永の内乱と甲斐源氏」山梨県立博物館監修、西川広平編『甲斐源氏――武士団のネットワークと由緒』戎光祥出版、二〇一五年
・二本松康宏『曽我物語の基層と風土』三弥井書店、二〇〇九年
・野口実『東国武士と京都』同成社、二〇一五年
・菱沼一憲『源頼朝――鎌倉幕府草創への道』戎光祥出版、二〇一七年
・福田晃『曽我物語の成立』三弥井書店、二〇〇二年

・藤本頼人「源頼家像の再検討――文書史料を手がかりに」『鎌倉遺文研究』第三三号、二〇一四年
・藤本頼人「源頼家――「暗君」像の打破」野口実編『中世の人物 京・鎌倉の時代編 第二巻 治承～文治の内乱と鎌倉幕府の成立』清文堂出版、二〇一四年
・細川重男『執権――北条氏と鎌倉幕府』講談社学術文庫、二〇一九年
・本郷恵子『院政――天皇と上皇の日本史』講談社現代新書、二〇一九年
・三浦周行「曾我兄弟と北條時政」『歴史と人物』東亜堂書房、一九一五年、一九八二年に岩波書店刊の『日本史の研究新輯二』に再録
・元木泰雄『源頼朝――武家政治の創始者』中公新書、二〇一九年
・森幸夫「源頼家発給文書の考察」北条氏研究会編『北条氏発給文書の研究』勉誠出版、二〇一九年
・藪本勝治「奥州合戦再読――『吾妻鏡』における〈歴史〉構築の一方法」『古代文化』第六八巻一号、二〇一六年
・藪本勝治「『吾妻鏡』の文脈と和田合戦記事」『軍記と語り物』第五六号、二〇二〇年
・藪本勝治「実朝暗殺記事にみる『吾妻鏡』の編纂方法と成立背景」『灘中学校・灘高等学校教育研究紀要』第一〇号、二〇二〇年
・山本幸司「『曾我物語』と中世家族の実態」『軍記と語り物』第四〇号、二〇〇四年
・湯山賢一「北条義時執権時代の下知状と御教書」『國學院雑誌』八〇巻一一号、一九七九年
・湯山賢一「北条時政執権時代の幕府文書――関東下知状成立小考」小川信編『中世古文書の世界』吉川弘文館、一九九一年

坂井孝一　さかい・こういち
1958年、東京都生まれ。東京大学文学部卒業。
同大学大学院人文科学研究科博士課程単位取得。博士（文学）。
現在、創価大学文学部教授。専門は日本中世史。愛猫家。
平安末期・鎌倉初期の政治史・文化史、
室町期の芸能史を主な研究テーマとする。
著書に『承久の乱――真の「武者の世」を告げる大乱』（中公新書）、
『源実朝――「東国の王権」を夢見た将軍』（講談社選書メチエ）、
『源氏将軍断絶――なぜ頼朝の血は三代で途絶えたか』（PHP新書）、
『源頼朝と鎌倉』『曽我物語の史的研究』
『曽我物語の史実と虚構』（以上、吉川弘文館）、
『物語の舞台を歩く――曽我物語』（山川出版社）がある。

NHK出版新書 661

鎌倉殿と執権北条氏

義時はいかに朝廷を乗り越えたか

2021年 9 月10日　第1刷発行
2022年 1 月15日　第4刷発行

著者　坂井孝一　©2021 Sakai Koichi

発行者　土井成紀

発行所　NHK出版
〒150-8081 東京都渋谷区宇田川町41-1
電話 (0570) 009-321（問い合わせ）(0570) 000-321（注文）
https://www.nhk-book.co.jp（ホームページ）
振替 00110-1-49701

ブックデザイン　albireo

印刷　新藤慶昌堂・近代美術

製本　藤田製本

Printed in Japan　ISBN978-4-14-088661-8 C0221